Wassermann-Lang-Kennerknecht-Pißel,
Reichseinkommensteuergesetz

Ergänzungsband:

Die Einkommensteuer vom Arbeitslohn

unter Berücksichtigung des Gesetzes vom 20. Juli 1922

Nachtrag:

Gesetz vom 23. Dezember 1922 zur Änderung des Einkommensteuergesetzes

nebst den Durchführungsbestimmungen zum Gesetz über die Einkommensteuer vom Arbeitslohn in der Fassung der Verordnung vom 29. Dezember 1922.

Erläutert von

Dr. L. Pißel

Oberregierungsrat im Reichsfinanzministerium

1 9 2 3

J. Schweitzer Verlag (Arthur Sellier) München, Berlin, Leipzig.

Druck von Dr. F. P. Datterer & Cie., Freising-München

Inhaltsverzeichnis.

Vorwort.

Infolge des Gesetzes vom 23. Dezember 1922 zur Änderung des Einkommensteuergesetzes (RGBl. I S. 978) hat sich wider Erwarten rasch der vorliegende Nachtrag als notwendig erwiesen. Derselbe ist so gestaltet, daß alle diejenigen Vorschriften des Gesetzes, die durch die Novelle vom 23. Dezember 1922 berührt worden sind, unter Hervorhebung der Änderungen durch gesperrten Druck nochmals vollständig wiedergegeben sind. Dabei sind die Nummern der nach wie vor Geltung behaltenden Anmerkungen des Hauptwerkes wiederum angegeben. Die durch die Änderungen notwendig gewordenen weiteren Anmerkungen sind mit einer sich in die Nummernfolge derjenigen des Hauptwerkes einfügenden Nummer und mit dem Buchstaben a bezeichnet.

Am Schlusse sind die Durchführungsbestimmungen in der neuen Fassung abgedruckt.

Berlin, im Januar 1923.

Pißel.

Einleitung.

Das Einkommensteuergesetz in der Fassung des Gesetzes vom 20. Juli 1922 (Reichsgesetzbl. I S. 607) hat durch das Gesetz vom 23. Dezember 1922 (Reichsgesetzbl. I S. 978) wesentliche Änderungen erfahren. Das Gesetz ist aus der Regierungsvorlage hervorgegangen, die dem Reichstage am 9. November 1922 zugegangen ist (Drucksachen Nr. 5195 des Reichstags). Vorher waren bereits zwei Initiativanträge auf Änderung des Einkommensteuergesetzes (Müller-Franken und Genossen und Helfferich und Genossen, Drucksachen des Reichstags Nr. 5062 und 5064) eingebracht worden, während nach Einbringung des Gesetzentwurfs die Anträge Fischer-Köln und Curtius (Drucksachen des Reichstags Nr. 445 und 444) eingingen.

Die Einbringung des Gesetzentwurfs war notwendig geworden, weil seit der Verabschiedung des Gesetzes vom 20. Juli 1922, durch das die Vorschriften des Einkommensteuergesetzes, soweit sie den Tarif betreffen oder mit diesem im Zusammenhang stehen, zum letztenmal geändert worden waren, um sie der damaligen Kaufkraft der Mark und den dadurch bedingten Preisverhältnissen anzupassen, die Entwertung der Mark in einem solchen Umfange weiter fortgeschritten ist und alle Preise inzwischen derartige nicht voraussehbare Steigerungen erfahren haben, daß, wenn die Einkommensteuer der in dem Einkommen eines Steuerpflichtigen ausgedrückten Leistungsfähigkeit gleichwohl noch entsprechen sollte, eine Änderung der Vorschriften des Gesetzes nicht umgangen werden konnte. Hinzu kam, daß nach dem Gesetz vom 20. Juli 1922 nur bei einem Arbeitslohn von nicht mehr als 100000 Mark die Steuer als durch den Steuerabzug getilgt gilt und daß daher ohne Änderung dieser Einkommensgrenze eine Veranlagung sämtlicher Steuerpflichtigen erfolgen müßte, die im Kalenderjahr 1922 Arbeitslohn von mehr als 100000 Mark bezogen haben. Bei den gegenwärtigen Lohnverhältnissen wird aber ebenfalls das Einkommen einer großen Anzahl von Arbeitern, Angestellten und Beamten diese Grenze überschreiten, weshalb sie aus der vereinfachten Besteuerung herausfallen würden und veranlagt werden müßten. Eine solche Veranlagung würde aber dazu führen, daß diese Lohnempfänger noch Nachzahlungen an Einkommensteuer zu leisten hätten, was unter den jetzigen Teuerungsverhältnissen untragbar erscheint. Aus diesen Erwägungen heraus erschien es geboten, die Vorschriften des Einkommensteuergesetzes, soweit sie den Steuertarif betreffen oder mit diesem im

Zusammenhang stehen, für das Kalenderjahr 1923 dem Geldwerte anzupassen, wie er sich möglicherweise im Kalenderjahr 1923 entwickeln wird, und gleichzeitig auch diese Vorschriften für das Kalenderjahr 1922 so auszugestalten, daß sie der durchschnittlichen Kaufkraft der Mark in diesem Kalenderjahr entsprechen. Von den einzelnen Änderungen seien folgende erwähnt:

Im Artikel I des Gesetzes sind die Änderungen enthalten, die ausschließlich das Kalenderjahr 1923 betreffen.

1. Hier ist zunächst die Grenze, bis zu der für das Kalenderjahr 1923 10 v. H. als Steuer erhoben werden sollen, auf 1 Million festgesetzt worden, und es sind auch die übrigen Sätze dieses Tarifs ermäßigt worden.

2. Die Ermäßigungen gemäß § 26 Abs. 1 für den Steuerpflichtigen, seine nicht selbständig zu veranlagende Ehefrau und seine zu seiner Haushaltung zählenden minderjährigen Kinder haben gegenüber der Regierungsvorlage, die eine Erhöhung der bisher geltenden Sätze auf etwa das Fünffache vorgesehen hatte, im Laufe der Beratungen, wenigstens bezüglich der Ermäßigungen für die Kinder, eine wesentliche Erhöhung erfahren. Sie betragen nunmehr für das Kalenderjahr 1923 für den Steuerpflichtigen und für seine nicht selbständig zu veranlagende Ehefrau je 2400 Mark und für jedes zur Haushaltung des Steuerpflichtigen zählende minderjährige Kind, das nicht selbständig zur Einkommensteuer zu veranlagen ist, 12000 Mark jährlich. In gleicher Weise sind auch für das Kalenderjahr 1923 die Ermäßigungen erhöht worden, die gemäß § 46 Abs. 2 Nr. 1 und 2 beim Steuerabzug für den Steuerpflichtigen, seine Ehefrau und seine minderjährigen Kinder einzutreten haben.

3. Zur Abgeltung der nach § 13 Abs. 1 Nr. 1 bis 7 zulässigen Abzüge ist durch das Gesetz vom 20. Juli 1922 eine Ermäßigung des einzubehaltenden Betrages von monatlich 90 Mark, demnach auf das Jahr umgerechnet, ein solcher von 1080 Mark zugelassen worden. Mit Rücksicht auf die durch die Geldentwertung eingetretene Erhöhung aller Preise und sonstigen Aufwendungen hat die Regierungsvorlage eine Erhöhung des Satzes von 1080 Mark jährlich auf 5400 Mark vorgeschlagen. Im Laufe der Beratungen ist auch hier eine wesentliche Erhöhung erfolgt. Die Ermäßigung beträgt ab 1. Januar 1923 jährlich 12000 Mark.

4. Die für Kleinrentner usw. im § 26 Abs. 1c vorgesehenen sind für das Kalenderjahr 1923 ebenfalls bedeutend, nämlich von bisher 2000 auf 20000 Mark, erhöht worden. Desgleichen sind die Einkommensgrenzen, bis zu denen eine Anrechnung der Kapitalertragsteuer zugelassen war, heraufgesetzt worden.

5. Es hat sich ferner als billig und zweckmäßig erwiesen, entgegen der Vorschrift des § 50 Abs. 2 des Gesetzes, nach der eine Ergänzung des Steuerbuchs im Laufe des Kalenderjahres nur im Falle des Hinzutretens zweier neuer Personen vor dem Ablauf des ersten Kalendervierteljahres zugelassen ist, eine Ergänzung auch in den Fällen

zuzugestehen, in denen nur eine Person neu hinzugekommen ist, sowie die Anträge unbeschränkt während des Kalenderjahres zuzulassen und die Ermäßigungen von der ersten auf die Ergänzung des Steuerbuchs folgenden Lohnzahlung ab eintreten zu lassen.

Für das Kalenderjahr 1922 sollen die Vorschriften des Einkommensteuergesetzes in der Fassung des Gesetzes vom 20. Juli 1922 mit den sich aus Artikel II (im Anhang abgedruckt) ergebenden Änderungen Anwendung finden. Diese Änderungen bestehen in erster Linie darin, daß der im Gesetz vom 20. Juli 1922 vorgesehene Tarif für das Kalenderjahr 1922 durch einen neuen Tarif ersetzt worden ist, nach dem bis zu einem steuerbaren Einkommen von nicht mehr als 400 000 Mark eine Einkommensteuer von 10 v. H. erhoben wird und die Tarifsätze für die höheren Einkommen hieran angepaßt werden. Demgemäß sollen auch Lohnempfänger, die im Kalenderjahr 1922 mit ihrem Arbeitslohn die Einkommensgrenze von 400000 Mark nicht überschritten haben, nicht mehr veranlagt werden. Die übrigen für das Kalenderjahr 1922 durch die Novelle eingetretenen Änderungen sind eine Folge des neuen Tarifs oder dienen dem Zwecke, die Einkommensteuer dem durchschnittlichen Geldwerte des Kalenderjahres 1922 anzupassen. Dabei erschien es auch angezeigt, mit Rücksicht auf die durch die Geldentwertung hervorgerufene bedrängte Lage der Kleinrentner, die nicht mehr am Erwerbsleben teilnehmen können, die Ermäßigung des § 26 Abs. 1 c von 2000 auf 5000 Mark heraufzusetzen.

Das Gesetz ist veröffentlicht in der am 30. Dezember 1922 in Berlin ausgegebenen Nummer 86 des Reichsgesetzblatts auf Seite 978 ff.

Die durch das Gesetz zur Änderung des Einkommensteuergesetzes vom 23. Dezember 1922 (Reichsgesetzbl. I S. 978) geänderten Vorschriften des Einkommensteuergesetzes,

soweit sie die vereinfachte Besteuerung des Arbeitslohnes betreffen.

Die Änderungen sind durch **gesperrten Druck** gekennzeichnet. Die Nummern der Anmerkungen beziehen sich, soweit nicht unter dem Texte den Nummern entsprechende besondere Erläuterungen gegeben sind, auf die Erläuterungen im Hauptwerk, die insoweit durch die Änderungen des Einkommensteuergesetzes durch die Novelle nicht berührt werden.

---

§ 45 *).

5 a: Die den Beamten, Angestellten und Arbeitern des Reichs, der Länder, Gemeinden und sonstigen Körperschaften des öffentlichen Rechts in Ausnahmefällen zur Behebung einer zeitweiligen Notlage, zur Milderung eines Notstandes gewährten Unterstützungen gelten regelmäßig nach § 12 Nr. 11 nicht als steuerbares Einkommen und unterliegen deshalb auch nicht dem Steuerabzug (Erl. RFM. vom 15. November 1922 — III E 18300).

10 a Ziffer 19: Hinsichtlich der steuerlichen Behandlung des Bedienungsaufschlages (Erl. RFM. vom 23. November 1922 — III E 19375).

10 b 3.: Bezüglich der Bewertung der Freizigarren, -zigarillos und -zigaretten (Erl. RFM. vom 29. Dezember 1922 — III E 20457).

12 a: Die Vergütungen der Beisitzer aus den im Versorgungswesen und in der sozialen Fürsorge erfahrenen Personen bei dem Reichsversorgungsgericht (§§ 27 Abs. 3 und 159 Abs. 2 des Gesetzes über das Verfahren in Versorgungssachen vom 10. Januar 1922 —

---

*) Hauptwerk Seite 16 bis 35. Die Vorschrift des § 45 hat durch die Novelle vom 23. Dezember 1922 keine Änderung erfahren. Im nachstehenden sind zu den Anmerkungen des Hauptwerkes nur Einzelheiten nachgetragen, wobei von der Änderung der in den Anmerkungen verschiedentlich aufgeführten, nach dem Gesetz vom 20. Juli 1922 maßgebenden Einkommensgrenze, bis zu der 10 v. H. als Steuer erhoben werden, von 100000 Mark Abstand genommen worden ist. **Für das Kalenderjahr 1923 tritt an Stelle dieser Grenze von 100 000 Mark die von 1 000 000 Mark, während für das Kalenderjahr 1922 die Grenze, bis zu der 10 v. H. als Steuer erhoben werden, 400 000 Mark beträgt (s. Artikel II des Abänderungsgesetzes auf Seite 19).**

Reichsgesetzbl. S. 59) unterliegen nicht dem Steuerabzug. Steuerfreiheit kommt nur bezüglich des Teiles der Vergütung in Frage, der als Aufwandsentschädigung im Sinne des § 34 Abs. 2 EStG. — Ersatz der baren Auslagen, Tagegelder, Reisekosten — anzusehen ist. Soweit dagegen die Vergütungen dieser Beisitzer, wie dies für die Vergütung für die Verbreitung der Sitzung sowie für die weitere Bearbeitung der Sache auf Grund des Ergebnisses der Sitzung anzunehmen ist, einen Ersatz für entgangenen Arbeitsverdienst bilden, stellen sie ein Einkommen im Sinne des § 11 Nr. 3 EStG. dar und unterliegen der Besteuerung, nicht dagegen dem Steuerabzug (Erl. RFM. vom 23. Aug. 1922 — III E 13563).

13i: Vergütungen, die Arbeitgeber auf Grund der Lohntarifverträge ihren Arbeitnehmern bei Arbeitsversäumnis infolge Krankheit neben dem Krankengeld gewähren, haben ihren Grund nicht in einem Versicherungsverhältnis, sondern in dem zwischen dem Arbeitgeber und den Arbeitnehmern bestehenden Arbeitsverhältnis. Es handelt sich somit um eine teilweise Fortzahlung von Arbeitslohn, die Leistungen unterliegen demnach dem Steuerabzug und fallen nicht unter § 12 Nr. 10 EStG. (Erl. RFM. vom 10. Oktober 1922 — III E 16296).

14a: Die an einer Handelshochschule, Volkshochschule usw. nebenamtlich tätigen Dozenten treten im allgemeinen durch die Übernahme der Verpflichtung zum Halten von Vorträgen in kein Angestelltenverhältnis zu der Handelshochschule usw., so daß es sich bei diesen Bezügen um Arbeitseinkommen im Sinne des § 9 Nr. 2 EStG. handelt, das nicht dem Steuerabzug unterliegt. Von der Umsatzsteuer sind die nebenamtlichen Dozenten an der Handelshochschule Berlin nach Maßgabe des § 3 Abs. 1 Nr. 1 der Ausführungsbestimmungen UStG. befreit (Erl. RFM. vom 28. Juli 1922 — III E 9685).

§ 46 *).

(1) Der Arbeitgeber hat vom Arbeitslohn einen Betrag von zehn vom Hundert unter Berücksichtigung der im Abs. 2, 6 vorgesehenen Ermäßigungen für Rechnung des Arbeitnehmers einzubehalten.

(2) Der Betrag von zehn vom Hundert des Arbeitslohns ermäßigt sich

1. für den Steuerpflichtigen und für seine zu seiner Haushaltung zählende Ehefrau
   a) im Falle der Zahlung des Arbeitslohns für volle Monate um je 200 Mark monatlich,

---

*) Hauptwerk Seite 35 bis 56. Die Änderungen durch das Gesetz vom 23. Dezember 1922 bestehen im wesentlichen darin, daß die Ermäßigungen nach Abs. 2 und 6 erhöht worden sind. Neu eingefügt ist die Bestimmung des Abs. 8.

Bezüglich der zahlenmäßigen Änderungen hinsichtlich der Einkommensgrenze, bis zu der 10 v. H. als Steuer erhoben wird, s. Fußnote zu § 45.

b) im Falle der Zahlung des Arbeitslohns für volle Wochen um je 48 Mark wöchentlich,
c) im Falle der Zahlung des Arbeitslohns für volle Arbeitstage um je 8 Mark täglich,
d) im Falle der Zahlung des Arbeitslohns für kürzere Zeiträume um je 2 Mark für je zwei angefangene oder volle Arbeitsstunden;

2. für jedes zur Haushaltung des Steuerpflichtigen zählende minderjährige Kind im Sinne des § 17 Abs. 2
a) im Falle der Zahlung des Arbeitslohns für volle Monate um 1000 Mark monatlich,
b) im Falle der Zahlung des Arbeitslohns für volle Wochen um 240 Mark wöchentlich,
c) im Falle der Zahlung des Arbeitslohns für volle Arbeitstage um 40 Mark täglich,
d) im Falle der Zahlung des Arbeitslohns für kürzere Zeiträume um 10 Mark für je zwei angefangene oder volle Arbeitsstunden.

Kinder im Alter von mehr als 17 Jahren, die Arbeitseinkommen beziehen, werden nicht gerechnet;

3. zur Abgeltung der nach § 13 Abs. 1 Nr. 1 bis 7 zulässigen Abzüge
a) im Falle der Zahlung des Arbeitslohns für volle Monate um 1000 Mark monatlich,
b) im Falle der Zahlung des Arbeitslohns für volle Wochen um 240 Mark wöchentlich,
c) im Falle der Zahlung des Arbeitslohns für volle Arbeitstage um 40 Mark täglich,
d) im Falle der Zahlung des Arbeitslohns für kürzere Zeiträume um 10 Mark für je zwei angefangene oder volle Arbeitsstunden.

Auf Antrag ist eine Erhöhung dieser Beträge zuzulassen, wenn der Steuerpflichtige nachweist, daß die ihm zustehenden Abzüge im Sinne des § 13 Abs. 1 Nr. 1 bis 7 den Betrag von 120000 Mark um mindestens 10000 Mark übersteigen. Über den Antrag entscheidet das Finanzamt.

Stehen Abzüge in wirtschaftlichem Zusammenhange mit anderem Einkommen als Arbeitslohn, so sind sie zunächst von dem anderen Einkommen abzusetzen; nur insoweit diese Abzüge das andere Einkommen übersteigen, sind sie in die Abgeltung einbegriffen.

(3) Für die nach Abs. 2 Nr. 1, 2 abzusetzenden Beträge ist der Familienstand des Arbeitnehmers am ersten Oktober des vorangegangenen Jahres für ein Kalenderjahr maßgebend. Der Reichsminister der Finanzen kann einen anderen Stichtag festsetzen.

(4) Bezieht ein Steuerpflichtiger neben den laufenden Bezügen sonstige, insbesondere einmalige Einnahmen (Tantiemen, Gratifikationen usw.), so wird der von diesen Einnahmen einzubehaltende Betrag von zehn vom Hundert ohne Berücksichtigung der im Abs. 2 vorgesehenen Beträge abgezogen.

(5) Dienstaufwandsentschädigungen im Sinne des § 34 Abs. 1 bis 3 bleiben bei Feststellung des einzubehaltenden Betrags außer Ansatz.

(6) Wird der Arbeitslohn nicht für eine bestimmte Arbeitszeit gezahlt, so tritt an die Stelle der Ermäßigungen nach Abs. 2 eine feste Ermäßigung von s e c h s vom Hundert des Arbeitslohns.

(7) Die Bestimmungen über die Abrundung des einzubehaltenden Betrags erläßt der Reichsminister der Finanzen.

(8) D e r R e i c h s m i n i s t e r d e r F i n a n z e n i s t e r m ä c h t i g t, m i t Z u s t i m m u n g d e s R e i c h s r a t s u n d e i n e s A u s s c h u s s e s d e s R e i c h s t a g s d i e i n A b s. 2 v o r g e s e h e n e n E r m ä ß i g u n g e n u n d d e m e n t s p r e c h e n d a u c h d i e i n § 26 A b s. 1 a, b v o r g e s e h e n e n E r m ä ß i g u n g e n a n d e r w e i t i g f e s t z u s e t z e n.

10a: Die Ermäßigungssätze sind, da der Steuerabzug bei jeder Lohnzahlung vorzunehmen ist, die Auszahlung des Arbeitslohns aber nicht jährlich, sondern in kürzeren Zeiträumen (stündlich, täglich, wöchentlich, monatlich, vierteljährlich) erfolgt, nach diesen kleineren Zeitabschnitten bemessen und demgemäß in kleinere Beträge aufgeteilt worden. Die Beträge ergeben insgesamt **für das Kalenderjahr 1923** mit Wirkung vom 1. Januar 1923 für den Arbeitnehmer selbst 2400 Mk. (§ 46 Abs. 2 Nr. 1), 12000 Mark zur Abgeltung der nach § 13 Abs. 1 Nr. 1 bis 7 zulässigen Abzüge (§ 46 Abs. 2 Nr. 3), 2400 Mark für die Ehefrau des Arbeitnehmers, sofern sie zu seiner Haushaltung zählt und 12000 Mark für jedes minderjährige Kind im Alter von nicht mehr als 17 Jahren, sofern sie eigenes Arbeitseinkommen beziehen (§ 46 Abs. 2 Nr. 3). **Für das Kalenderjahr 1922** ist es bei den alten Ermäßigungssätzen, die sich zusammensetzen aus denen der Gesetze vom 20. Dezember 1921 und 20. Juli 1922, geblieben (je $7 \times 20 + 5 \times 40 =$ 340 Mark für den Steuerpflichtigen und seine Ehefrau, $7 \times 45 + 5 \times 90 =$ 765 Mark zur Abgeltung der nach § 13 Abs. 1 Nr. 1 bis 7 zulässigen Abzüge und $7 \times 30 + 5 \times 80 = 610$ Mark für minderjährige Kinder).

13a: Die Frage, für welchen Zeitraum eine Lohnzahlung erfolgt, wird in erster Linie nach den zwischen dem Arbeitgeber und dem

Arbeitnehmer getroffenen Vereinbarungen zu entscheiden sein. Wesentliche Anhaltspunkte hiefür bietet die Dauer der Beschäftigung des Arbeitnehmers während der Lohnzahlungsperiode. Man wird z. B. eine Lohnzahlung für volle Wochen stets dann anzunehmen haben, wenn die Arbeitsleistung der in dem Arbeitszweige üblichen Arbeitszeit entspricht, also durchweg, aber nicht notwendig eine Dauer von 48 Stunden umfaßt. Eine unvorhergesehene und voraussichtlich vorübergehende Kürzung der Arbeitszeit z. B. bei Arbeitsmangel, kurzer Beurlaubung unter Fortfall des Anspruchs auf Arbeitslohn, schließt die Annahme des Vorliegens einer Lohnzahlung nach vollen Zeitabschnitten nicht aus. Hat sich dagegen der Arbeitnehmer von vornherein nur für einige Tage oder Stunden der Woche zur Arbeitsleistung verpflichtet, sei es, daß er während der übrigen bei einem anderen Arbeitgeber beschäftigt ist oder daß er eine selbständige Tätigkeit, etwa als Landwirt oder Gewerbetreibender, ausübt, so kann von einer Lohnzahlung für volle Wochen oder Tage nicht gesprochen werden.

17a: Zusammenfassend wird bemerkt:

Der einzubehaltende Betrag von 10 vom Hundert des Arbeitslohns ermäßigt sich:

a) für den Steuerpflichtigen selbst vom 1. Januar 1923 um 200 Mark monatlich,

b) für seine zu seiner Haushaltung zählende Ehefrau, gleichviel, ob sie selbst Arbeitseinkommen bezieht oder nicht, um 200 Mark monatlich. Bezieht die Ehefrau selbst Arbeitslohn, so ermäßigt sich außerdem der von ihrem Arbeitslohn einzubehaltende Betrag von 10 vom Hundert um die Beträge des § 46 Abs. 2 Nr. 1 und 3,

c) für die zur Haushaltung des Steuerpflichtigen zählenden minderjährigen Kinder um je 1000 Mark monatlich, soweit sie
   1. kein eigenes Arbeitseinkommen beziehen,
   2. eigenes Arbeitseinkommen beziehen, aber nicht älter als 17 Jahre sind. In diesem Falle — Beziehen eines eigenen Arbeitslohnes — ermäßigt sich außerdem der von dem Arbeitslohn der Kinder einzubehaltende Betrag von 10 vom Hundert um die Beträge des § 46 Abs. 2 Nr. 1 und 3,

d) minderjährige Kinder im Alter von mehr als 17 Jahren und mit eigenem Arbeitseinkommen werden bei dem Haushaltungsvorstand nicht berücksichtigt, der von dem Arbeitslohn der Kinder einzubehaltende Betrag von 10 vom Hundert ermäßigt sich um die Beträge des § 46 Abs. 2 Nr. 1 und 3,

e) volljährige Kinder mit eigenem Arbeitseinkommen werden bei dem Haushaltungsvorstand in keinem Falle berücksichtigt,

f) hinsichtlich volljähriger Kinder ohne eigenes Arbeitseinkommen, die mittellos, erwerbsunfähig sind, kann gegebenenfalls Berücksichtigung nach § 47 eintreten,

g) eine doppelte Berücksichtigung der Kinder, sowohl beim Steuerabzug des steuerpflichtigen Haushaltungsvorstandes als auch bei dem der selbst in einem Arbeitsverhältnis stehenden Ehefrau ist ausgeschlossen. Die Berücksichtigung tritt immer nur bei dem steuerpflichtigen Haushaltungsvorstande ein.

18a: An Stelle der Ermäßigung nach § 46 Abs. 2 Nr. 3 von bisher 1080 Mark jährlich ist nunmehr für das Kalenderjahr 1923, demnach mit Wirkung vom 1. Januar 1923 eine solche von 12000 Mark jährlich (d. h. 10 vom Hundert von 120000 Mark) getreten.

19 a: Erhöhung des Satzes von 12000 Mark jährlich ist auf Antrag zuzulassen, wenn der Steuerpflichtige nachweist, daß die ihm zustehenden Abzüge im Sinne des § 13 Abs. 1 Nr. 1 bis 7 den Betrag von 120000 Mark um mindestens 10000 Mark übersteigen. Die Fristbestimmung für die Stellung des Antrages auf Erhöhung des Pauschsatzes, wie sie für das Kalenderjahr 1922 im § 34 EStADB. bisher vorgesehen war, ist weggefallen (s. nunmehr § 34 EStADB.).

23 a: Heimarbeiterzuschlag: Die von den Heimarbeitern und Heimarbeiterinnen aus dem Heimarbeiterzuschlag zu bestreitenden Unkosten bilden Werbungskosten im Sinne des § 13 Abs. 1 Nr. 1 EStG. Die aus dem Zuschlag von den Heimarbeitern und Heimarbeiterinnen zu bestreitenden Unkosten sind durch die Zulassung des Pauschsatzes von 12000 Mark jährlich insoweit abgegolten, als die daraus zu deckenden Unkosten zusammen mit den sonstigen nach § 13 Abs. 1 Nr. 1 bis 7 abzugsfähigen Beträgen den Betrag von 120000 Mark nicht übersteigen. In den bei Heimarbeitern und Heimarbeiterinnen häufigen Fällen von höheren Unkosten ist auf Antrag wegen des Nachweises höherer Abzüge gemäß § 13 Abs. 1 Nr. 1 bis 7 EStG. eine Erhöhung des Betrages von 12000 Mark jährlich von dem Finanzamt zuzulassen. Die von den Heimarbeitern und Heimarbeiterinnen, die keinen Heimarbeiterzuschlag erhalten, aus ihrem Arbeitslohn zu deckenden Unkosten sind ebenfalls durch den Pauschsatz von 12000 Mark jährlich zur Abgeltung der nach § 13 Abs. 1 Nr. 1 bis 7 EStG. zulässigen Abzüge abgegolten, sofern ihnen nicht von dem Finanzamt wegen des Nachweises höherer Abzüge eine Erhöhung des Betrages von 120000 Mark jährlich zugelassen wird. Sofern bei der Festsetzung des Heimarbeiterzuschlages eine ausdrückliche Vereinbarung zwischen Arbeitgeber und Arbeitnehmer darüber vorliegt, welcher Teil des Heimarbeiterzuschlages als Entschädigung des durch den Dienst oder Auftrag veranlaßten Aufwandes anzusehen ist, wird der betreffende Teil, soweit er den erforderlichen Aufwand nicht übersteigt, gemäß § 46 Abs. 5 EStG. bei Feststellung des einzubehaltenden Betrages außer Ansatz zu bleiben haben. Bei der Entscheidung darüber werden die Finanzämter zu berücksichtigen haben, daß ein Teil der den Heimarbeitern oder Heimarbeiterinnen gegenüber anderen Berufsgruppen bei Stellung eigenen Werkzeuges, von Maschinen oder Zutaten usw. in höherem Maße erwachsenden Unkosten zu einem erheblichen Teile bereits durch die Zulassung des Pauschsatzes nach § 46 Abs. 2 Nr. 3 Berücksichtigung gefunden hat (Erl. RFM. vom 21. Juli 1922 — III E 5316).

25 a: s. nunmehr § 18 EStADB. (in allen Fällen Abrundung auf volle Mark nach unten).

§ 47*).

2 a: Demnach vom 1. Januar 1923 die Ermäßigung von 1000 Mark monatlich.

---

*) Die Vorschrift des § 47 hat durch das Gesetz vom 23. Dezember 1922 keine Änderung erfahren. Die Ermäßigung für mittellose Angehörige beträgt nunmehr entsprechend der Heraufsetzung der Ermäßigung des § 46 Abs. 2 Nr. 2 12000 Mark jährlich.

Za: Die Frist zur Stellung des Antrages, die bisher im § 32 EStADB. vorgesehen war, ist weggefallen (§ 33 EStADB.).

§ 48*).

(1) Übersteigt das gesamte steuerbare Einkommen nicht den Betrag von 1000000 Mark und besteht es entweder aus Arbeitslohn, der gemäß § 46 dem Steuerabzug unterliegt, oder aus solchem Arbeitslohn und aus sonstigem Einkommen bis zu 10000 Mark, so bedarf es einer Veranlagung nicht; die Steuer gilt als getilgt, wenn die nach § 46 einbehaltenen Beträge gemäß § 51 vorschriftsmäßig verwendet oder abgeführt sind.

(2) Übersteigt das gesamte steuerbare Einkommen nicht den Betrag von 1000000 Mark und besteht es außer aus Arbeitslohn, der gemäß § 46 dem Steuerabzug unterliegt, aus sonstigem Einkommen über 10000 Mark, so bedarf es einer Veranlagung nur für das sonstige Einkommen; die auf den Arbeitslohn entfallende Steuer gilt als getilgt, wenn die nach § 46 einbehaltenen Beträge gemäß § 51 vorschriftsmäßig verwendet oder abgeführt sind. Hierbei dürfen Abzüge nach § 26 Abs. 1 nur noch insofern vorgenommen werden, als sie bei der Einbehaltung gemäß § 46 nicht berücksichtigt worden sind.

---

*) **Die Vorschrift des § 48 hat durch das Gesetz vom 23. Dezember 1922 eine Änderung nur insofern erfahren, als für das Kalenderjahr 1923 die Grenze, bis zu der die Steuer vom Arbeitslohn durch den ordnungsmäßig vorgenommenen Steuerabzug als getilgt gilt, 1000000 Mark beträgt und sonstiges Einkommen von 10000 Mark für das Kalenderjahr 1923 nicht mehr veranlagt werden soll, sofern das gesamte steuerbare Einkommen — Arbeitslohn und sonstiges Einkommen — nicht mehr als 1000000 Mark beträgt.** Die sich daraus für die Beispiele ergebenden Änderungen sind im Interesse der gebotenen Kürze nicht durchgeführt. Im Hinblick darauf, daß künftig bei Arbeitnehmern die Steuer vom Arbeitslohn bis zu einem steuerbaren Einkommen von nicht mehr als 1000000 Mark durch den ordnungsmäßigen Steuerabzug als getilgt gilt, entfällt für die Arbeitnehmer, die im Kalenderjahr 1922 Arbeitslohn von nicht mehr als 400000 Mark bezogen haben und im Kalenderjahr 1923 Arbeitslohn von nicht mehr als 1000000 Mark beziehen werden, die Verpflichtung zur Leistung von Vorauszahlungen, da keine Steuerschuld für das Kalenderjahr 1922 von der Steuerbehörde festgestellt ist und für Arbeitnehmer, die im Kalenderjahr 1922 Arbeitslohn von mehr als 400000 Mark bezogen haben, aber im Kalenderjahr 1923 Arbeitslohn von nicht mehr als 1000000 Mark beziehen werden, werden die Vorauszahlungen für das Kalenderjahr 1923 auf Antrag zu stunden sein.

(3) Übersteigt das gesamte steuerbare Einkommen den Betrag von 1000000 Mark, so finden die allgemeinen Vorschriften mit der Maßgabe Anwendung, daß der Steuerpflichtige auf die Steuerschuld eines Kalenderjahres im Sinne des § 29 nur den Betrag zu entrichten hat, um den diese Steuerschuld den auf den Arbeitslohn in dem gleichen Kalenderjahr einbehaltenen und vorschriftsmäßig verwendeten Betrag übersteigt. Insoweit dieser Betrag über die Steuerschuld hinausgeht, ist er nach der Veranlagung in bar zu erstatten.

§ 48a *).

§ 49 **).

(1) Steuerpflichtige, deren gesamtes steuerbares Einkommen 1000000 Mark nicht übersteigt, können Veranlagung zur Einkommensteuer beantragen:

1. wenn bei Zugrundelegung der Vorschrift des § 13 Abs. 1 Nr. 1 bis 7 die nach dieser Vorschrift zulässigen Abzüge den Betrag von 130000 Mark übersteigen und nicht schon gemäß § 46 Abs. 2 Nr. 3 berücksichtigt sind,
2. wenn die Voraussetzungen des § 26 Abs. 2 oder des § 44 vorliegen,
3. wenn die nach § 26 Abs. 1, § 47 zulässigen Ermäßigungen bei den einbehaltenen Beträgen nicht voll berücksichtigt sind.

(2) Sind einem Steuerpflichtigen, dessen gesamtes steuerbares Einkommen 1000000 Mark nicht übersteigt, infolge teilweiser Erwerbslosigkeit die nach § 46 Abs. 2 zulässigen Ermäßigungen nicht voll in Anrechnung gebracht worden oder sind die Voraussetzungen für die Anwendung des § 26 Abs. 2 gegeben, so sind ihm diese Beträge insoweit auf Antrag in bar zu erstatten.

(3) Anträge auf Grund des Abs. 1 sind mit einer Einkommensteuererklärung zu verbinden und innerhalb der Frist für die Abgabe dieser Erklärung zu stellen; § 68 der Reichsabgabenordnung gilt entsprechend. Auf die veranlagte Einkommensteuer wird der vom Arbeitgeber einbehaltene und vor-

*) Keine Änderung gegenüber dem bisher geltenden Recht.

**) Die Änderungen für das Kalenderjahr 1923 gegenüber dem bisher geltenden Recht beziehen sich lediglich auf die Erhöhung der Grenze, bis zu der 10 vom Hundert als Steuer erhoben werden, auf 1000000 Mark und auf die Änderung im Abs. 1 Nr. 1 (s. Anmerkungen).

schriftsmäßige Betrag angerechnet. Der anrechnungsfähige Betrag wird bar erstattet, soweit er den Betrag der Einkommensteuer übersteigt oder Einkommensteuer nicht zu entrichten ist.

3a: Um aus Nr. 1 ein Recht auf Veranlagung für das Kalenderjahr 1923 herleiten zu können, müssen 2 Voraussetzungen gegeben sein:

a) Die nach der Vorschrift des § 13 Abs. 1 Nr. 1 bis 7 zulässigen Abzüge müssen den Betrag von 130000 Mark übersteigen, also die Abzüge in ihrer tatsächlichen Höhe.

b) Die Abzüge dürfen nicht schon nach § 46 Abs. 2 Nr. 3 berücksichtigt sein.

Die dritte Voraussetzung, daß der Unterschied zwischen dem einbehaltenen Betrag und dem auf Veranlagung zu erhebenden Betrag mehr als — bisher 90 Mark — betragen muß, ist auch für das Kalenderjahr 1922 weggefallen. Für **das Kalenderjahr 1922** ist der Antrag aus § 49 Abs. 1 Nr. 1 nur zulässig, wenn bei Zugrundelegung der Vorschrift des § 13 Abs. 1 Nr. 1 bis 7 die nach dieser Vorschrift zulässigen Abzüge den Betrag von 12000 Mark übersteigen und nicht schon gemäß § 46 Abs. 2 Nr. 3 des Gesetzes in der Fassung der Gesetze vom 20. Dezember 1921 und vom 20. Juli 1922 berücksichtigt sind (Art. II des Abänderungsgesetzes, im Anhang abgedruckt).

§ 50.

(1) Der Arbeitnehmer ist verpflichtet, sich vor Beginn eines jeden Kalenderjahres oder vor Beginn eines Dienstverhältnisses von der Gemeindebehörde seines Wohnorts ein Steuerbuch ausstellen zu lassen.

(2) *Weist der Arbeitnehmer nach, daß die Zahl der Personen, für die der Abzug am Arbeitslohn sich gemäß § 46 Abs. 2 Nr. 1 und 2 und § 47 ermäßigt, größer ist, als im Steuerbuch angegeben,* so hat im Falle des § 46 Abs. 2 Nr. 1 und 2 die Gemeindebehörde, im Falle des § 47 das Finanzamt auf seinen Antrag diese Tatsache im Steuerbuch zu vermerken. In diesem Falle tritt die Ermäßigung für die neu hinzugekommene Person *bei der ersten auf die Ergänzung des Steuerbuchs folgenden Lohnzahlung* in Kraft.

4a: In denjenigen Fällen, in denen die einem Steuerpflichtigen nach § 46 EStG. zustehenden Ermäßigungen deshalb nicht voll berücksichtigt werden können, weil nach §§ 23, 27 EStADB. die Ermäßigungen nur auf einem Steuerbuch vermerkt werden dürfen, hat das Finanzamt seines Wohnsitzes oder gewöhnlichen Aufenthalts eine Verteilung der Ermäßigungen auf mehrere Steuerbücher vorzunehmen (§ 35 EStADB.).

6a: Im Gegensatz zu dem bisherigen Recht ist nunmehr eine Ergänzung des Steuerbuches — unter Wegfall der bisherigen Ausschlußfrist — während des ganzen Kalenderjahres und auch bei Hinzutreten nur einer Person zulässig und zwar auch bei Hinzutreten der Ehefrau, die bisher nur zugelassen werden konnte, wenn sie als mittellos galt (§§ 31 bis 33 EStADB. in der bisherigen Fassung). Die Ergänzung wirkt von der ersten auf die Ergänzung des Steuerbuchs folgenden Lohnzahlung ab (§§ 31, 33, 35a EStADB.).

§§ 51 bis 52d.*)

Artikel II des Gesetzes vom 23. Dezember 1922.

Die Vorschriften des Artikels I treten am 1. Januar 1923 in Kraft. Die Veranlagung für das Kalenderjahr 1922 findet nach den Vorschriften des Gesetzes in der Fassung des Gesetzes vom 20. Juli 1922 (Reichsgesetzbl. S. 607) statt; dabei sind jedoch die Vorschriften der §§ 13, 21, 26, 44, 48, 49 mit folgenden Änderungen anzuwenden:

1. Im § 13 werden
   a) im Abs. 1 Nr. 4 die Worte „eintausend Mark" durch die Worte „zweitausend Mark" ersetzt,
   ferner werden
   b) im Abs. 1 Nr. 5, 5a und im Abs. 3 die Worte „achttausend Mark" jeweils durch die Worte „sechzehntausend Mark" ersetzt;
2. der § 21 erhält folgende Fassung:

§ 21.

Die Einkommensteuer beträgt
für die ersten angefangenen oder vollen 400000 Mark 10 vom Hundert,
für die weiteren angefangenen oder vollen 200000 Mark des steuerbaren Einkommens 15 vom Hundert,
für die weiteren angefangenen oder vollen 200000 Mark des steuerbaren Einkommens 20 vom Hundert,
für die weiteren angefangenen oder vollen 200000 Mark des steuerbaren Einkommens 25 vom Hundert,
für die weiteren angefangenen oder vollen 400000 Mark des steuerbaren Einkommens 30 vom Hundert,

*) Diese Vorschriften haben durch das Änderungsgesetz vom 23. Dezember 1922 keine Änderung erfahren.

für die weiteren angefangenen oder vollen 600000 Mark des steuerbaren Einkommens 35 vom Hundert,
für die weiteren angefangenen oder vollen 1000000 Mark des steuerbaren Einkommens 40 vom Hundert,
für die weiteren angefangenen oder vollen 1000000 Mark des steuerbaren Einkommens 45 vom Hundert,
für die weiteren angefangenen oder vollen 1500000 Mark des steuerbaren Einkommens 50 vom Hundert,
für die weiteren angefangenen oder vollen 2000000 Mark des steuerbaren Einkommens 55 vom Hundert,
für die weiteren Beträge 60 vom Hundert;

3. der § 26 erhält folgende Fassung:

(1) Die nach §§ 21 bis 25 berechnete Einkommensteuer ermäßigt sich

a) um je 340 Mark für den Steuerpflichtigen und für seine nicht selbständig zu veranlagende Ehefrau, wenn das steuerbare Einkommen nicht mehr als 4000000 Mark beträgt,

b) um je 610 Mark für jedes zur Haushaltung des Steuerpflichtigen zählende minderjährige Kind, das nicht selbständig zur Einkommensteuer zu veranlagen ist, wenn das steuerbare Einkommen nicht mehr als 1200000 Mark beträgt.

Die Ermäßigung wird auch für solche Kinder gewährt, die Arbeitseinkommen beziehen, sofern sie das 17. Lebensjahr noch nicht vollendet haben,

c) um 5000 Mark für Steuerpflichtige, die über 60 Jahre alt oder erwerbsunfähig oder nicht bloß vorübergehend behindert sind, ihren Lebensunterhalt durch eigenen Erwerb zu bestreiten, sofern das steuerbare Einkommen den Betrag von 200000 Mark nicht übersteigt, und sich hauptsächlich aus Kapitaleinkommen und Bezügen der im § 9 Nr. 3 oder im § 11 Nr. 1 bezeichneten Art zusammensetzt oder hauptsächlich aus einer von diesen Einkommensarten besteht. Auf den Betrag von 5000 Mark wird der gemäß § 46 Abs. 2 Nr. 3 des Gesetzes in der Fassung der Gesetze vom 20. Dezember 1921 und vom 20. Juli 1922 bereits berücksichtigte Betrag angerechnet.

(2) Bei der Veranlagung können insbesondere wirtschaftliche Verhältnisse, die die Leistungsfähigkeit des Steuer-

pflichtigen wesentlich beeinträchtigen, durch Ermäßigung oder Erlaß der Einkommensteuer berücksichtigt werden, sofern das steuerbare Einkommen 800000 Mark nicht übersteigt. Als Verhältnisse dieser Art gelten insbesondere außergewöhnliche Belastungen durch Unterhalt und Erziehung der Kinder, durch Verpflichtung zum Unterhalte mittelloser Angehöriger, durch Krankheit, Körperverletzung, Verschuldung, Unglücksfälle oder durch besondere Aufwendungen im Haushalt infolge einer Erwerbstätigkeit der Ehefrau;

4. im § 44 Abs. 2 werden die Worte „25000 Mark" und „50000 Mark" durch die Worte „100000 Mark" und „200000 Mark" ersetzt;

5. der § 48 erhält folgende Fassung:

(1) Übersteigt das gesamte steuerbare Einkommen nicht den Betrag von 400000 Mark und besteht es entweder aus Arbeitslohn, der gemäß § 46 dem Steuerabzug unterliegt, oder aus solchem Arbeitslohn und aus sonstigem Einkommen bis zu 5000 Mark, so bedarf es einer Veranlagung nicht; die Steuer gilt als getilgt, wenn die nach § 46 des Gesetzes in der Fassung der Gesetze vom 20. Dezember 1921 und vom 20. Juli 1922 einbehaltenen Beträge gemäß § 51 vorschriftsmäßig verwendet oder abgeführt sind.

(2) Übersteigt das gesamte steuerbare Einkommen nicht den Betrag von 400000 Mark und besteht es außer aus Arbeitslohn, der gemäß § 46 dem Steuerabzug unterliegt, aus sonstigem Einkommen über 5000 Mark, so bedarf es einer Veranlagung nur für das sonstige Einkommen, die auf den Arbeitslohn entfallende Steuer gilt als getilgt, wenn die nach § 46 des Gesetzes in der Fassung der Gesetze vom 20. Dezember 1921 und vom 20. Juli 1922 einbehaltenen Beträge gemäß § 51 vorschriftsmäßig verwendet oder abgeführt sind. Hierbei dürfen Abzüge nach § 26 Abs. 1 nur noch insofern vorgenommen werden, als sie bei der Einbehaltung gemäß § 46 des Gesetzes in der Fassung der Gesetze vom 20. Dezember 1921 und vom 20. Juli 1922 nicht berücksichtigt worden sind.

(3) Übersteigt das gesamte steuerbare Einkommen den Betrag von 400000 Mark, so finden die allgemeinen Vorschriften mit der Maßgabe Anwendung, daß der Steuer-

pflichtige auf die Steuerschuld eines Kalenderjahres im Sinne des § 29 nur den Betrag zu entrichten hat, um den diese Steuerschuld den auf den Arbeitslohn in dem gleichen einbehaltenen und vorschriftsmäßig verwendeten Betrag übersteigt. Insoweit dieser Betrag über die Steuerschuld hinausgeht, ist er nach der Veranlagung in bar zu erstatten;

6. der § 49 erhält folgende Fassung:

(1) Steuerpflichtige, deren gesamtes steuerbares Einkommen 400000 Mark nicht übersteigt, können Veranlagung zur Einkommensteuer beantragen:

1. wenn bei Zugrundelegung der Vorschrift des § 13 Abs. 1 Nr. 1 bis 7 die nach dieser Vorschrift zulässigen Abzüge den Betrag von 12000 Mark übersteigen und nicht schon gemäß § 46 Abs. 2 Nr. 3 des Gesetzes in der Fassung der Gesetze vom 20. Dezember 1921 und vom 20. Juli 1922 berücksichtigt sind;
2. wenn die Voraussetzungen des § 2 Abs. 2 oder des § 44 vorliegen;
3. wenn die nach § 26 Abs. 1, § 47 zulässigen Ermäßigungen bei den einbehaltenen Beträgen nicht voll berücksichtigt sind.

(2) Sind von einem Steuerpflichtigen, dessen gesamtes steuerbares Einkommen 400000 Mark nicht übersteigt, infolge teilweiser Erwerbslosigkeit die nach § 46 Abs. 2 des Gesetzes in der Fassung der Gesetze vom 20. Dezember 1921 und vom 20. Juli 1922 zulässigen Ermäßigungen nicht voll in Anrechnung gebracht worden oder sind die Voraussetzungen für die Anwendung des § 26 Abs. 2 gegeben, so sind ihm diese Beträge insoweit auf Antrag in bar zu erstatten.

(3) Anträge auf Grund des Abs. 1 sind mit einer Einkommensteuererklärung zu verbinden und innerhalb der Frist für die Abgabe dieser Erklärung zu stellen; § 68 der Reichsabgabenordnung gilt entsprechend. Auf die veranlagte Einkommensteuer wird der vom Arbeitgeber einbehaltene und vorschriftsmäßig verwendete Betrag angerechnet. Der anrechnungsfähige Betrag wird bar erstattet, soweit er den Betrag der Einkommensteuer übersteigt oder Einkommensteuer nicht zu entrichten ist.

Durchführungsbestimmungen zum Gesetz über die Einkommensteuer vom Arbeitslohn vom 11. Juli 1921

(EStADB.).*)

(Zentralblatt für das Deutsche Reich 1921 S. 913, 1922 S. 8, 430 und 1923 S. 60).

Inhaltsverzeichnis.

I. Der Arbeitslohn (§§ 1 bis 6).

§ 1. (1) Als Arbeitslohn im Sinne der Vorschriften über die Einkommensteuer vom Arbeitslohn gilt der Gesamtbetrag der Einkünfte, die in öffentlichem oder privatem Dienste beschäftigte oder angestellte Personen aus dieser Beschäftigung oder Anstellung beziehen. Einkünfte sind alle in Geld bestehenden Einnahmen und alle Geldwert besitzenden Einnahmevorteile ohne Rücksicht auf die Bezeichnung oder Form, unter der sie gewährt werden.

(2) Zum Arbeitslohn gehören insbesondere Gehälter, Besoldungen, Löhne, Tantiemen, Gratifikationen oder unter sonstiger Benennung gewährte Bezüge. Zum Arbeitslohn gehören ferner Wartegelder, Ruhegehälter, Witwen- und Waisenpensionen und andere Bezüge oder geldwerte Vorteile für frühere Dienstleistung oder Berufstätigkeit sowie

---

*) Die nachstehend abgedruckten Durchführungsbestimmungen stellen die Durchführungsbestimmungen vom 3. Dezember 1921 (ZBl. S. 913) unter Berücksichtigung der durch die Verordnungen vom 22. Dezember 1921 (ZBl. S. 8), vom 21. Juli 1922 (ZBl. S. 430) und vom 29. Dezember 1922 (ZBl. 1923 S. 60) eingetretenen Änderungen dar. Die Bezugnahme auf die Erläuterungen im Hauptteil sind den einzelnen Paragraphen angefügt. Die Muster sind nicht mit abgedruckt.

Zuwendungen, die mit Rücksicht auf eine frühere Dienstleistung oder Berufstätigkeit an Stelle von Pensionsansprüchen gewährt werden und den Charakter von Pensionen, Witwen- oder Waisengeldern haben.

(3) Zu den Geldwert besitzenden Einnahmevorteilen gehören insbesondere der Bezug von freier Kleidung, freier Wohnung, freier Verpflegung, Deputaten und sonstigen an Stelle des Arbeitslohns oder neben ihm gewährten Natural- oder Sachbezügen (s. § 45 Abs. 2 und die Anm. hiezu).

§ 2. (1) Den bei der Einbehaltung des Betrags von 10 vom Hundert des Arbeitslohns zu berücksichtigenden Wert der geldwerten Vorteile hat das Landesfinanzamt für seinen Bezirk nach Benehmen mit den benachbarten Landesfinanzämtern und mit den beruflichen und Fachvereinigungen der Arbeitgeber und Arbeitnehmer auf Grund der ortsüblichen Mittelpreise unter billiger Veranschlagung etwaiger besonderer örtlicher Verhältnisse festzustellen und bekanntzugeben. Vor der Festsetzung sollen die Versicherungsämter (Versicherungsaanstalten) gehört werden. Soweit ein Bedürfnis besteht, kann das Landesfinanzamt das Finanzamt mit der Festsetzung beauftragen.

(2) Die bisher erfolgten Wertfestsetzungen können auch fernerhin zugrundegelegt werden, eine Neufestsetzung hat zu erfolgen, wenn die Wertfestsetzungen den Verhältnissen nicht mehr entsprechen (s. Anm. 10b zu § 45).

§ 3. Dem Steuerabzuge sind insbesondere auch unterworfen die besonderen Entlohnungen für Arbeiten, die über die für den Betrieb regelmäßige Arbeitszeit hinaus geleistet werden, demnach alle besonderen Entlohnungen für Überstunden, Überschichten, Sonntagsarbeit und für sonstige, über die regelmäßige Arbeitszeit hinausgehende Arbeitsleistungen sowie Zuschläge, die wegen Überarbeit nach Tarif oder sonstigen Vereinbarungen gewährt werden. Das gleiche gilt für die Entlohnungen für Nebenämter und Nebenbeschäftigungen (s. Anm. 10a 9 zu § 45).

§ 4. (1) Zum Arbeitslohn gehören nicht Entgelte für Lieferungen und sonstige Leistungen, die jemand innerhalb der von ihm selbständig ausgeübten gewerblichen Tätigkeit im Inland gegen Entgelt ausführt.

(2) Selbständigkeit liegt dann nicht vor, wenn der Leistende nicht sowohl die Leistung als vielmehr seine Arbeitskraft schuldet, d. h. persönlich auf Grund eines Arbeits- oder Dienstvertrags zu einem Beamten, Angestellten, Arbeiter im Unternehmen eines anderen wird. Unselbständigkeit ist insbesondere dann gegeben, wenn die Tätigkeit im wirtschaftlichen Organismus so ausgeübt wird, daß die tätige Person in der Betätigung ihres geschäftlichen Willens unter der Leitung des Unternehmers steht oder wenn jemand im geschäftlichen Organismus des Unternehmens eines anderen dessen Weisungen zu folgen verpflichtet ist (s. Anm. 14 und 14a zu § 45).

§ 5. (1) Bei Feststellung des Arbeitslohns, von dem der Betrag von 10 vom Hundert einzubehalten ist, bleibt die den Reichs-, Staats- und Gemeindebeamten, Geistlichen, Kirchenbeamten, Lehrern an öffentlichen Unterrichtsanstalten und Militärpersonen zur Bestreitung des Dienstaufwandes gewährte Entschädigung oder der hierzu nach ausdrücklicher Anordnung bestimmte Teil des Gehalts oder einer etwaigen Zulage außer Ansatz.

(2) Von den aus öffentlichen Kassen gewährten Aufwandsentschädigungen, Tagegeldern und Reisekosten findet ein Steuerabzug nicht statt.

(3) Die Entschädigungen, die den in privaten Dienst- oder Auftragsverhältnissen stehenden Personen nach ausdrücklicher Vereinbarung zur Bestreitung des durch den Dienst oder Auftrag veranlaßten Aufwandes gewährt werden, bleiben bei Feststellung des einzubehaltenden Betrags insoweit außer Ansatz, als ihre Beträge den erforderlichen Aufwand nicht übersteigen. Die über den erforderlichen Aufwand hinausgehenden Beträge unterliegen dem Steuerabzuge (s. Anm. 23 und 23a zu § 46).

§ 6. Als Arbeitslohn gelten insbesondere nicht:

1. die auf Grund der Militärpensions- und -versorgungsgesetze bezogenen Verstümmelungs-, Kriegs-, Luftdienst-, Alters- und Tropenzulagen, Pensions- und Rentenerhöhungen, Pflegezulagen und Schwerbeschädigtenzulagen mit den entsprechenden Ausgleichs-, Orts- und Teuerungszulagen nebst Teuerungszuschüssen, ferner die auf Grund des Kolonialbeamtengesetzes vom 8. Juni 1910 (Reichs-Gesetzbl. S. 881) bezogenen Tropenzulagen (§ 12 Nr. 6 EStG.);
2. sonstige nach der Minderung der Erwerbsfähigkeit bemessene Versorgungsgebührnisse, die auf Grund einer infolge eines Krieges erlittenen Dienstbeschädigung bezogen werden, sowie die Kriegsversorgung der Militärhinterbliebenen, ferner die Versorgungsgebührnisse nach dem Reichsversorgungsgesetze vom 12. Mai 1920 (Reichs-Gesetzbl. S. 989), dem Reichsgesetz über die durch innere Unruhen verursachten Schäden vom 12. Mai 1920 (Reichs-Gesetzbl. S. 941) und den durch § 14 des genannten Gesetzes aufrechterhaltenen landesgesetzlichen Vorschriften (§ 12 Nr. 7 EStG.);
3. die Naturalbezüge der Angehörigen der Wehrmacht (Reichswehr und Reichsmarine) (§ 12 Nr. 8 EStG.). Als Naturalbezüge der Angehörigen der Wehrmacht gelten gemäß § 19 des Besoldungsgesetzes vom 30. April 1920 (Reichs-Gesetzbl. S. 805):
   a) Dienstbekleidung, in der Marine Dienstbekleidung oder Kleidergeld der Mannschaften und Unteroffiziere,
   b) bei Deckoffizieren und Offizieren bis zur Besoldungsgruppe XIII einschließlich (Oberst, Kapitän zur See, Generalarzt, Generalveterinär) und bei Beamten der Wehrmacht, die wie Offiziere zum dauernden Tragen der Dienstbekleidung verpflichtet sind, die Entschädigung für besondere Abnutzung der Dienstbekleidung,
   c) der Geldwert der freien ärztlichen Behandlung oder der freien Krankenhauspflege und des freien Gebrauchs von Heil- und Kurmitteln für Angehörige der Wehrmacht bis zur Besoldungsgruppe XIII und der freien ärztlichen Behandlung ihrer Ehefrauen und Kinder durch den Truppen- oder Garnisonarzt;
4. die mit deutschen Kriegsdekorationen verbundenen Ehrensolde (§ 12 Nr. 9 EStG.);
5. Bezüge des Steuerpflichtigen aus einer Krankenversicherung (§ 12 Nr. 10 EStG.);
6. Bezüge aus öffentlichen Mitteln oder aus Mitteln einer öffentlichen Stiftung, die als Unterstützungen wegen Hilfsbedürftigkeit

oder als Unterstützungen für Zwecke der Erziehung oder Ausbildung, der Wissenschaft oder Kunst bewilligt sind (§ 12 Nr. 11 EStG.).

Zu Nr. 5 s. Anm. 13i zu § 45; zu Nr. 6 s. Anm. 3, 13 und 5a zu § 45.

II. Berechnung des Steuerabzuges (§§ 7 bis 18).

§ 7. (1) Der von dem Arbeitslohn einzubehaltende Betrag von 10 vom Hundert ermäßigt sich für den Steuerpflichtigen selbst
a) im Falle der Zahlung des Arbeitslohns für volle Monate um **200 Mark monatlich,**
b) im Falle der Zahlung des Arbeitslohns für volle Wochen um **48 Mark wöchentlich,**
c) im Falle der Zahlung des Arbeitslohns für volle Arbeitstage um **8 Mark täglich,**
d) im Falle der Zahlung des Arbeitslohns für kürzere Zeiträume um **2 Mark für je zwei angefangene oder volle Arbeitsstunden.**

(2) Der von dem Arbeitslohn einzubehaltende Betrag von 10 vom Hundert ermäßigt sich für die zur Haushaltung des Steuerpflichtigen zählende Ehefrau
a) im Falle der Zahlung des Arbeitslohns für volle Monate um **200 Mark monatlich,**
b) im Falle der Zahlung des Arbeitslohns für volle Wochen um **48 Mark wöchentlich,**
c) im Falle der Zahlung des Arbeitslohns für volle Arbeitstage um **8 Mark täglich,**
d) im Falle der Zahlung des Arbeitslohns für kürzere Zeiträume um **2 Mark für je zwei angefangene oder volle Arbeitsstunden.**

(3) Der Betrag von 10 vom Hundert des Arbeitslohns ermäßigt sich ferner für jedes zur Haushaltung des Steuerpflichtigen zählende minderjährige Kind, soweit sich nicht aus Abs. 5 etwas anderes ergibt,
a) im Falle der Zahlung des Arbeitslohns für volle Monate um **1000 Mark monatlich,**
b) im Falle der Zahlung des Arbeitslohns für volle Wochen um **240 Mark wöchentlich,**
c) im Falle der Zahlung des Arbeitslohns für volle Arbeitstage um **40 Mark täglich,**
d) im Falle der Zahlung des Arbeitslohns für kürzere Zeiträume um **10 Mark für je zwei angefangene oder volle Arbeitsstunden.**

(4) Der Betrag von 10 vom Hundert ermäßigt sich weiter zur Abgeltung der nach § 13 Abs. 1 Nr. 1 bis 7 EStG. zulässigen Abzüge für den Steuerpflichtigen selbst
a) im Falle der Zahlung des Arbeitslohns für volle Monate um **1000 Mark monatlich,**
b) im Falle der Zahlung des Arbeitslohns für volle Wochen um **240 Mark wöchentlich,**
c) im Falle der Zahlung des Arbeitslohns für volle Arbeitstage um **40 Mark täglich,**
d) im Falle der Zahlung des Arbeitslohns für kürzere Zeiträume um **10 Mark für je zwei angefangene oder volle Arbeitsstunden.**

(5) Für minderjährige, zur Haushaltung des Steuerpflichtigen zählende Kinder im Alter von mehr als 17 Jahren, die eigenes Arbeitseinkommen beziehen, tritt eine Ermäßigung des von dem Arbeitslohn des steuerpflichtigen Haushaltungsvorstandes einzubehaltenden Betrags von 10 vom Hundert um die im Abs. 3 bezeichneten Beträge nicht ein (s. Anm. 10 bis 13 und 15 bis 17 zu § 46).

Zu § 7 Abs. 1 bis 4: Diese oben aufgeführten Ermäßigungssätze treten am 1. Januar 1923 in Kraft (s. auch § 83b EStADB. und 10a zu § 46).

§ 8 **gestrichen.**

§ 9. Ist der Arbeitnehmer während einer Lohnzahlungsperiode bei einem Arbeitgeber regelmäßig beschäftigt, so wird die Gewährung der für die Lohnzahlungsperiode vorgesehenen Ermäßigung bis zum Ablauf des Arbeitsverhältnisses nicht dadurch ausgeschlossen, daß er für einen Teil der Lohnzahlungsperiode keinen Lohn bezogen hat (s. Anm. 13a und 14 zu § 46).

§ 10. Die zur Haushaltung zählende Ehefrau des Arbeitnehmers (§ 7 Abs. 2) wird auch dann bei dem Ehemanne berücksichtigt, wenn sie Arbeitslohn bezieht und daher ihrerseits Anspruch auf Ermäßigung des von ihrem Arbeitslohn einzubehaltenden Betrags von 10 vom Hundert gemäß § 7 Abs. 1 und 4 hat (s. Anm. 12 zu § 46).

§ 11. Die zur Haushaltung des steuerpflichtigen Haushaltungsvorstandes zählenden minderjährigen Kinder im Alter von nicht mehr als 17 Jahren werden bei dem steuerpflichtigen Haushaltungsvorstand auch dann berücksichtigt, wenn sie Arbeitslohn beziehen. Daneben haben diese Kinder selbst Anspruch auf Ermäßigung des von ihrem Arbeitslohn einzubehaltenden Betrags von 10 vom Hundert gemäß § 7 Abs. 1 und 4 (s. Anm. 16 zu § 46).

§ 12. (1) Als Kinder im Sinne des § 7 Abs. 3 gelten neben den Abkömmlingen des Haushaltungsvorstandes die zu seiner Haushaltung zählenden minderjährigen Stief-, Schwieger-, Adoptiv- und Pflegekinder sowie deren Abkömmlinge.

(2) Zur Haushaltung eines Arbeitnehmers zählen minderjährige Kinder, wenn sie bei einheitlicher Wirtschaftsführung unter Leitung des Arbeitnehmers dessen Wohnung teilen oder sich in wirtschaftlicher Abhängigkeit von dem Arbeitnehmer außerhalb dessen Wohnung mit seiner Einwilligung zum Zwecke der Erziehung oder des Unterrichts (Lehre) aufhalten. Leben beide Ehegatten zusammen, so zählen die Kinder als zum Haushalt des Ehemanns gehörig; bei der Ehefrau können in diesem Falle die Kinder nicht berücksichtigt werden, es sei denn, daß auf Grund des § 47 EStG. eine solche Berücksichtigung von dem Finanzamt zugelassen wird.

(3) Ist der Ehemann gestorben, so kann bei der Ehefrau die Ermäßigung für die minderjährigen Kinder eintreten, wenn sie zur Haushaltung der Ehefrau zählen. Das gleiche gilt, wenn bei getrennter Haushaltung der Ehegatten die minderjährigen Kinder zur Haushaltung der Ehefrau zählen. In diesem Falle kommt die Ermäßigung für die minderjährigen Kinder bei dem Ehemanne nur im Falle des § 47 EStG. in Betracht (s. Anm. 16 zu § 46 und Anm. 5 zu § 47).

§ 13. (1) Wird der Arbeitslohn nicht für eine bestimmte Arbeitszeit gezahlt, so tritt an die Stelle der Ermäßigungen nach § 7 Abs. 1 bis 4 eine feste Ermäßigung von **6** vom Hundert des Arbeitslohns. Der Steuerabzug beträgt in diesem Falle **4** vom Hundert des Arbeitslohns.

(2) Der Arbeitgeber entscheidet, ob die Voraussetzungen des Abs. 1 vorliegen. Einigen sich Arbeitgeber und Arbeitnehmer nicht, so ist die Entscheidung des für den Arbeitgeber zuständigen Finanzamts gemäß § 52a EStG. anzurufen.

(3) Werden neben Löhnen, die nicht für eine bestimmte Arbeitszeit gezahlt werden, feste Löhne gezahlt, so sind die Ermäßigungen nach § 7 Abs. 1 bis 4 von dem Betrage vorzunehmen, der von den festen Löhnen einzubehalten ist; von den Löhnen, die nicht für eine bestimmte Arbeitszeit gezahlt werden, sind dann 10 vom Hundert ohne Berücksichtigung der Ermäßigungen einzubehalten (s. Anm. 25 zu § 46).

Zu § 13 Abs. 1: Während nach dem Gesetz vom 20. Juli 1922 in den Fällen, in denen der Arbeitslohn nicht für eine bestimmte Arbeitszeit gezahlt wird, an die Stelle der Ermäßigungen nach § 7 Abs. 1 bis 4 eine feste Ermäßigung von 1000000 des Arbeitslohns trat und der Steuerabzug infolgedessen 5 vom Hundert des Arbeitslohns betrug, beträgt nunmehr vom 1. Januar 1923 ab (Art. I des Abänderungsges.) die feste Ermäßigung 6 vom Hundert und infolgedessen der Steuerabzug 4 vom Hundert.

§ 14. Bezieht ein Arbeitnehmer neben seinen laufenden Bezügen sonstige, insbesondere einmalige Einnahmen (Tantiemen, Gratifikationen oder ähnliche einmalige Einnahmen), so ist von diesen Einnahmen ein Betrag von 10 vom Hundert ohne Berücksichtigung der im § 7 Abs. 1 bis 4 vorgesehenen Ermäßigungen einzubehalten (s. Anm. 22 zu § 46).

§ 15. Der einheitliche Betrag von 10 vom Hundert des Arbeitslohns unter Berücksichtigung der Ermäßigungen nach § 7 Abs. 1 bis 4 wird bei allen Arbeitslöhnen einbehalten, auch soweit sie den Betrag von **1000000** Mark jährlich überschreiten (s. Anm. 5 und 9 zu § 46).

§ 16. Bei den im § 2 Nr. I, 1 Abs. 2 EStG. genannten Personen sowie bei Personen, die mit ihrem Einkommen aus einer im Inland ausgeübten Erwerbstätigkeit oder mit solchen regelmäßig wiederkehrenden Bezügen oder Unterstützungen, die aus inländischen öffentlichen Kassen mit Rücksicht auf eine gegenwärtige oder frühere Dienstleistung oder Berufstätigkeit gewährt werden, nach § 2 Nr. II EStG. beschränkt steuerpflichtig sind, können die Bestimmungen der §§ 13 Abs. 2, 27, 28 EStG. bereits beim Steuerabzug berücksichtigt werden (s. Anm. 9 zu § 46 und § 27 Nr. 3 EStADB.).

§ 17. (1) Bei Auszahlung des Lohns oder Gehalts aus einer öffentlichen Kasse hat diese die Rechte und Pflichten des Arbeitgebers im Sinne dieser Bestimmungen.

(2) Erfolgt die Auszahlung nicht durch den Arbeitgeber selbst, so gilt die auszahlende Kasse als Arbeitgeber im Sinne dieser Bestimmungen (s. Anm. 1 zu § 46).

§ 18. **Der nach Vornahme der Ermäßigungen nach § 7 Abs. 1 bis 4, § 13 Abs. 1 einzubehaltende Betrag ist auf volle Mark nach unten abzurunden** (s. Anm. 25a zu § 46).

III. Ausstellung der Steuerbücher (§§ 19 bis 29).

§ 19. (1) Jeder Arbeitnehmer ist verpflichtet, sich von der **nach § 20 zuständigen Gemeindebehörde** ein Steuerbuch ausstellen zu lassen, und zwar

a) vor Beginn eines jeden Kalenderjahrs,

b) wenn er sich vor Beginn eines Kalenderjahrs kein Steuerbuch hat ausstellen lassen, vor Beginn eines Dienst- oder Arbeitsverhältnisses in diesem Kalenderjahre.

(2) Der Arbeitnehmer hat dafür zu sorgen, daß das Steuerbuch rechtzeitig in seinen Besitz gelangt. Falls ihm das Steuerbuch nicht gemäß § 25 Abs. 2 zugeht, ist er verpflichtet, es bei der Gemeindebehörde, die es ausgestellt hat, abzuholen (s. Anm. 2 und 3 zu § 50).

§ 20. **Die Gemeindebehörde ist verpflichtet, die Steuerbücher auszustellen**

a) **für die in dem Personenverzeichnis (Hauptsteuerliste, Lohnsteuerliste) der Gemeinde aufgeführten Arbeitnehmer,**

b) **auf Antrag für alle übrigen Arbeitnehmer, die nach den Ausführungsbestimmungen in das Personenverzeichnis (Hauptsteuerliste, Lohnsteuerliste) der Gemeinde aufzunehmen waren, ohne Rücksicht darauf, ob die Aufnahme tatsächlich erfolgt ist,**

c) **auf Antrag für die Arbeitnehmer, die in dem Gemeindebezirk ihren Wohnsitz oder gewöhnlichen Aufenthalt haben, es sei denn, daß nach Ziffer a oder b eine andere Gemeindebehörde zuständig ist** (s. Anm. 2 und 3 zu § 50).

§ 21. (1) Die Gemeindebehörde hat, soweit im nachstehenden nichts anderes bestimmt ist, auf Grund des Ergebnisses der Personenstandsaufnahme gleichzeitig mit der Anlegung des Personenverzeichnisses **(Hauptsteuerliste, Lohnsteuerliste)** für sämtliche im Zeitpunkt der Personenstandsaufnahme in ihrem Bezirke wohnhaften oder sich aufhaltenden Arbeitnehmer, gleichgültig, ob diese im Zeitpunkt der Personenstandsaufnahme in einem Arbeitsverhältnisse stehen oder nicht, und ob der Steuerabzug durch Verwendung von Steuermarken, durch Barabführung oder Überweisung bewirkt werden soll, die Steuerbücher (Muster 1) mit Wirkung für das folgende Kalenderjahr auszuschreiben (Ausfüllung der Umschläge). Sie hat hierbei nach Maßgabe des Vordrucks des Steuerbuchs auf der Vorderseite den Familienstand des Arbeitnehmers zu bescheinigen und nach Einsetzung der einzelnen Ermäßigungen die Jahresgesamtermäßigung festzustellen. Im Falle der §§ 18 Abs. 5, 20 Abs. 1 Nr. 2 EStAB. sind die Steuerbücher an Hand des auf den neuesten Stand fortgeführten Personenverzeichnisses auszuschreiben. *Muster 1*

(2) Maßgebend für die Bemessung der Ermäßigungen, die in einem Kalenderjahre nach dem Familienstande (§ 46 Abs. 2 Nr. 1, 2 EStG.) zu bewilligen sind, ist der Stand am **10. Oktober** des diesem Kalenderjahre vorausgehenden Jahres. Setzt der Reichsminister der Finanzen gemäß § 17 EStAB. einen andern Stichtag für die Personenstandsaufnahme fest, so ist dieser Stichtag für die Bemessung der Ermäßigungen, die nach dem Familienstande zu bewilligen sind, maßgebend.

(3) In die Steuerbücher sind je 2 lose Einlagebogen für die von dem Arbeitgeber zu verwendenden Steuermarken einzulegen (s. Anm. 21 zu § 46).

§ 22. (1) **Die auf der Vorderseite des Umschlags des Steuerbuchs festgesetzte Jahresgesamtermäßigung überträgt die Gemeindebehörde in die Bemerkungsspalte des Personenverzeichnisses (Hauptsteuerliste, Lohnsteuerliste), z. B. Jahresgesamtermäßigung laut Steuerbuch .... Mark.**

(2) Die Steuerbücher sind von den Gemeindebehörden mit den gleichen Nummern zu versehen, unter denen die Steuerpflichtigen in dem Personenverzeichnis (**Hauptsteuerliste, Lohnsteuerliste**) in Spalte 1 eingetragen sind. Zum Zeichen dafür, daß für einen Steuerpflichtigen ein Steuerbuch ausgestellt ist, ist in der Spalte 1 des Personenverzeichnisses unter der Nummer der Vermerk „St.B." (Steuerbuch) einzutragen.

(3) Der Gebrauch von Typenstempeln ist bei diesen Eintragungen zulässig.

§ 23. Die Gemeindebehörde kann einem Arbeitnehmer, der bei mehreren Arbeitgebern gleichzeitig beschäftigt ist, ein zweites oder ferneres Steuerbuch ohne Einsetzung von Ermäßigungen ausstellen. Der für die Ermäßigung auf dem Steuerbuch vorgesehene Raum ist in diesem Falle zu durchstreichen (s. Anm. 4 zu § 50).

§ 24 **gestrichen.**

§ 25. (1) Die Steuerbücher sind so rechtzeitig auszustellen, daß sie sich bis **zum 15. Dezember in dem Besitze der Steuerpflichtigen befinden können.**

(2) Die Gemeindebehörden können die Steuerbücher sofort nach der Ausstellung an Hand der Wohnungslisten durch ihr Außendienstpersonal oder durch die Post den Arbeitnehmern zustellen. Sie können auch den Arbeitgebern auf deren Antrag die Aushändigung der Bücher an ihre Arbeitnehmer überlassen; in diesem Falle haben die Arbeitgeber dem Antrag eine Liste ihrer Arbeitnehmer beizufügen.

(3) Die Gemeindebehörden haben, sobald die Ausstellung der Steuerbücher beendet ist, dies öffentlich bekanntzumachen. In der öffentlichen Bekanntmachung ist anzugeben, ob die Steuerbücher abzuholen sind oder gemäß Abs. 2 den Steuerpflichtigen übermittelt werden (s. Anm. 3 zu § 50).

§ 26. (1) Wird ein Steuerbuch ausgeschrieben, nachdem die Gemeindebehörde das Personenverzeichnis an das Finanzamt abgeliefert hat, so ist das ausgeschriebene Steuerbuch dem Finanzamt zu übersenden, das es mit der Nummer des Personenverzeichnisses versieht und es alsdann der Gemeindebehörde zur Aushändigung an den Arbeitnehmer zurückgibt. Ist der Arbeitnehmer noch nicht in dem Personenverzeichnis aufgeführt, so ist er zunächst darin von dem Finanzamt nachzutragen. Entsprechendes gilt, wenn die Gemeindebehörde die Hauptsteuerliste (**Lohnsteuerliste**) aufgestellt und sie an das Finanzamt abgeliefert hat.

(2) Über die sämtlichen **nach Ablieferung des Personenverzeichnisses (Hauptsteuerliste, Lohnsteuerliste) an das Finanzamt** ausgeschriebenen Steuerbücher hat die Gemeindebehörde ein Verzeichnis zu führen, das folgende Spalten enthalten muß:

1. laufende Nummer,
2. Name, Stand, Wohnort (Wohnung) des Arbeitnehmers,
3. Gesamtbetrag der Ermäßigungen,
4. Bemerkungen.

§ 27. (1) An Stelle der Gemeindebehörde obliegt die Verpflichtung zur Ausstellung der Steuerbücher

1. **den Truppenteilen und Wehrmachtsbehörden für die Angehörigen der in einem Gemeindebezirk als Standort untergebrachten Truppenteile, sofern sie in den Mannschaftsräumen von Dienstgebäuden untergebracht sind,**
2. **den Behörden der staatlichen Ordnungspolizei für ihre Angehörigen, sofern sie in den Mannschaftsräumen von Dienstgebäuden untergebracht sind,**
3. den inländischen auszahlenden öffentlichen Kassen für die im § 2 Nr. I, 1 Abs. 2 EStG. genannten Personen sowie für die gemäß § 2 II EStG. mit solchen regelmäßig wiederkehrenden Bezügen oder Unterstützungen, die aus inländischen öffentlichen Kassen mit Rücksicht auf eine gegenwärtige oder frühere Dienstleistung oder Berufstätigkeit gewährt werden, beschränkt steuerpflichtigen Personen,
4. dem Finanzamt der Betriebsstätte für die in seinem Bezirke zu Beginn des Kalenderjahrs beschäftigten, im Ausland wohnhaften oder sich aufhaltenden Arbeitnehmer. Zu diesem Zwecke haben die Arbeitgeber dem Finanzamt eine Liste dieser Arbeitnehmer einzureichen. Entsprechendes gilt bei Eintritt in ein Arbeits- oder Dienstverhältnis während des Kalenderjahrs,
5. dem für die Veranlagung von Auslandsbeamten im Sinne des § 2 Nr. I, 1 Abs. 2 EStG. zuständigen Finanzamt für die in dem nach § 24 EStAB. aufzustellenden Verzeichnis aufgeführten, im Dienste von Auslandsbeamten stehenden Deutschen.

(2) Die Nummer des Steuerbuchs ist von den unter Nr. 1 und 2 des Abs. 1 genannten Stellen in Spalte 1 und die Jahresgesamtermäßigung in Spalte 12 des durch § 22 EStAB. vorgeschriebenen Musters 5 einzutragen. Die auszahlende inländische öffentliche Kasse trägt in Spalte 1 die Nummer des Steuerbuchs und in Spalte 7 des durch § 23 EStAB. vorgeschriebenen Musters 6 die Jahresgesamtermäßigung ein. Das Finanzamt der Betriebsstätte und das für die Veranlagung von Auslandsbeamten zuständige Finanzamt tragen in Spalte 1 der Hauptsteuerliste (**Lohnsteuerliste**) die Nummer des Steuerbuchs und in Spalte 26 die Jahresgesamtermäßigung ein (s. Anm. 5 zu § 50 und zu Abs. 1 Z. 3: § 23 EStADB. dagegen bleibt die Verpflichtung der Gemeindebehörde zur Ausstellung der Steuerbücher für die Angehörigen der Truppenteile und der staatlichen Ordnungspolizei, welche nicht in Mannschaftsräumen von Dienstgebäuden wohnen oder untergebracht sind, bestehen).

§ 28. (1) Die Steuerbücher werden unentgeltlich ausgestellt.

(2) Verlorene, unbrauchbar gewordene oder zerstörte Steuerbücher werden gegen eine Gebühr von höchstens 25 Mark, die der Gemeinde zufließt, ersetzt.

(3) Die weiteren Anordnungen und Bekanntmachungen über die Ausstellung der Steuerbücher erläßt das Landesfinanzamt.

(4) Reichen die Einlagebogen des Steuerbuchs für die während eines Kalendervierteljahrs einzuklebenden Steuermarken nicht aus, so hat der Arbeitgeber sich bei dem Finanzamt oder der Gemeindebehörde neue Einlagebogen, die kostenlos abgegeben werden, zu beschaffen. Das gleiche gilt für die jeweils nach Ablauf eines Kalendervierteljahrs notwendig werdenden weiteren Einlagebogen und Überweisungsblätter.

§ 29. (1) Die Gemeindebehörden erhalten für jedes von ihnen ausgestellte und ausgehändigte Steuerbuch eine Entschädigung von 5 Mark aus der Reichskasse. Durch diese Entschädigung sind sämtliche Kosten, die den Gemeinden durch die Ausstellung und Aushändigung (Zustellung) der Steuerbücher einschließlich der Ergänzung und Berichtigung erwachsen, abgegolten.

(2) Für Ausstellung und Aushändigung (Zustellung) von Steuerbüchern nach § 28 Abs. 2 wird eine Entschädigung aus der Reichskasse nicht gewährt (s. Anm. 2 zu § 50).

IV. Änderung der Eintragungen im Steuerbuche (§§ 30 bis 35 a).

§ 30. Eintragungen in die Steuerbücher, die nachweislich unrichtig sind (Schreibfehler, Rechenfehler und ähnliche offenbare Unrichtigkeiten), können jederzeit berichtigt werden. Die Berichtigung erfolgt auf Antrag durch die Behörde, die das Steuerbuch ausgestellt hat.

§ 31. Weist ein Steuerpflichtiger nach, daß die Zahl seiner nach § 7 Abs. 2 und 3 beim Steuerabzug zu berücksichtigenden Familienangehörigen größer ist als am Tage der Personenstandsaufnahme, so hat die Behörde, die das Steuerbuch ausgestellt hat, auf Antrag eine Ergänzung des Steuerbuchs vorzunehmen (s. Anm. 6 und 6a zu § 50).

§ 32. In den Fällen der §§ 30 und 31 hat die hiernach zuständige Behörde die Änderung in die Bemerkungsspalte des Personenverzeichnisses (Hauptsteuerliste, Lohnsteuerliste), auf Grund dessen das Steuerbuch ausgestellt worden ist, aufzunehmen oder, falls das Personenverzeichnis (Hauptsteuerliste, Lohnsteuerliste) bereits an das Finanzamt abgeliefert ist, diesem zur Aufnahme der Änderung Mitteilung zu machen.

§ 33. (1) Glaubt ein Steuerpflichtiger gemäß § 47 EStG. Anspruch auf die im § 7 Abs. 3 vorgesehene Ermäßigung des Steuerabzugs für mittellose Angehörige zu haben, die von ihm unterhalten werden, so kann er beim Finanzamt seines Wohnsitzes oder gewöhnlichen Aufenthalts die Ergänzung der auf dem Steuerbuch festgestellten Jahresgesamtermäßigung unter Vorlegung des Steuerbuchs beantragen. Die vom Finanzamt bei der Prüfung des Antrags für notwendig erachteten Unterlagen sind vom Antragsteller beizubringen. Bei der Prüfung hat das Finanzamt insbesondere darauf zu achten, daß eine mehrfache Berücksichtigung desselben mittellosen Angehörigen innerhalb einer Familie unterbleibt. Werden von mehreren Steuerpflichtigen Anträge für denselben mittellosen Angehörigen gestellt, so hat das Finanzamt zu entscheiden, bei welchem Steuerpflichtigen die Ermäßigung des Steuerabzugs Platz zu greifen hat. In der Regel wird hierbei die Höhe der gewährten Unterstützung maßgebend sein.

(2) Mittellosigkeit ist nicht nur dann anzunehmen, wenn der betreffende Angehörige überhaupt keine Mittel hat, sondern auch dann, wenn die ihm zur Bestreitung des Lebensunterhalts zur Verfügung stehenden Mittel so gering sind, daß er nicht imstande ist, seinen notdürftigen Unterhalt damit zu bestreiten.

(3) Als Angehörige im Sinne des Abs. 1 sind alle Verwandten und Verschwägerten, Adoptiv- und Pflegeeltern und -kinder sowie der Ehegatte des Steuerpflichtigen anzusehen, auch wenn sie nicht zu dessen Haushalt zählen. Die Ehefrau und die minderjährigen Kinder kommen für die Ermäßigungen nicht in Betracht, sofern für sie schon eine Ermäßigung nach § 7 Abs. 2 und 3 beim Steuerabzug des Haushaltungsvorstands eingetreten ist.

(4) Wird die Ermäßigung des Steuerabzugs für einen mittellosen Angehörigen zugelassen, so hat das Finanzamt eine Ergänzung des Steuerbuchs vorzunehmen und die Ergänzung in die Bemerkungsspalte des Personenverzeichnisses (Hauptsteuerliste, Lohnsteuerliste), auf Grund dessen das Steuerbuch ausgestellt worden ist, einzutragen oder dem Finanzamt, das dieses Verzeichnis führt, zur Vornahme der Eintragung Mitteilung zu machen (s. Anm. zu § 47 und Anm. 6a zu § 50).

§ 34. (1) Weist ein Steuerpflichtiger nach, daß die ihm nach § 13 Abs. 1 Nr. 1 bis 7 EStG. zustehenden Abzüge den Betrag von 120000 Mark um mindestens 10000 Mark jährlich übersteigen, so hat das Finanzamt seines Wohnsitzes oder gewöhnlichen Aufenthalts auf Antrag eine Erhöhung des im § 7 Abs. 4 festgesetzten Betrags vorzunehmen.

(2) Das Finanzamt berechnet die zulässige Ermäßigung, indem es die Abzüge nach § 13 Abs. 1 bis 7 EStG. bei freier Beweiswürdigung mit dem wahrscheinlichen Betrag für das betreffende Kalenderjahr veranschlagt und hiervon 10 vom Hundert nimmt.

(3) Wird die Erhöhung der Ermäßigung zugelassen, so hat das Finanzamt eine Ergänzung des Steuerbuchs vorzunehmen und die Ergänzung in die Bemerkungsspalte des Personenverzeichnisses (Hauptsteuerliste, Lohnsteuerliste), auf Grund dessen das Steuerbuch ausgestellt worden ist, einzutragen oder dem Finanzamt, das dieses Verzeichnis führt, zur Vornahme der Eintragung Mitteilung zu machen (s. Anm. 19a zu § 46).

§ 35. (1) Weist ein Steuerpflichtiger nach, daß die ihm nach § 7 zustehenden Ermäßigungen deshalb nicht in voller Höhe berücksichtigt werden können, weil sie von der zur Ausstellung des Steuerbuchs verpflichteten Behörde nach §§ 23, 27 nur auf einem Steuerbuch vermerkt werden dürfen, so hat das Finanzamt seines Wohnsitzes oder gewöhnlichen Aufenthalts eine Verteilung der Ermäßigungen auf mehrere Steuerbücher vorzunehmen.

(2) Das Finanzamt hat die Verteilung in die Bemerkungsspalte des Personenverzeichnisses (Hauptsteuerliste, Lohnsteuerliste), auf Grund dessen das erste Steuerbuch ausgestellt worden ist, einzutragen oder dem Finanzamt, das dieses Verzeichnis führt, zur Vornahme der Eintragung Mitteilung zu machen (s. Anm. 4a zu § 50).

§ 35a. Die nach §§ 30, 31, 33 bis 35 vorgenommene Änderung der Eintragungen im Steuerbuch ist bei der Berechnung der Höhe des

beim Steuerabzug einzubehaltenden Betrags erst zu berücksichtigen, wenn dem Arbeitgeber das mit der Änderung versehene Steuerbuch vorgelegt wird (s. Anm. 6a zu § 50).

V. Vornahme des Steuerabzugs (§§ 36 bis 56).

A. Allgemeines (§§ 36 bis 38).

§ 36. Jeder Arbeitnehmer ist verpflichtet, bei jeder Lohn- oder Gehaltszahlung sein Steuerbuch dem Arbeitgeber vorzulegen. Er kann sein Steuerbuch auch dem Arbeitgeber zur Aufbewahrung überlassen. Der Arbeitgeber hat das Steuerbuch dem Arbeitnehmer bei dessen Ausscheiden aus dem Dienst- oder Arbeitsverhältnis, im übrigen jederzeit auf Verlangen auszuhändigen (s. Anm. 2 zu § 51).

§ 36a. **Zahlt eine öffentliche Kasse an einen Steuerpflichtigen Bezüge der im § 9 Nr. 3 EStG. bezeichneten Art aus, so hat sie bei der ersten in einem Kalenderjahr erfolgenden Zahlung auf der ersten Seite des Steuerbuchs mit farbigem Stempel oder farbiger Tinte folgenden Vermerk anzubringen:**

„Die Ermäßigungen werden beim Steuerabzug von .... (Art der Bezüge) berücksichtigt. Bei anderem Arbeitseinkommen sind sie nicht mehr (nur noch in einem Jahresbetrag von ... Mark) zu berücksichtigen." Der Vermerk ist mit der Bezeichnung der Kasse und der Unterschrift des zuständigen Kassenbeamten zu versehen. Er ist von anderen Arbeitgebern bei der Berechnung des beim Steuerabzug einzubehaltenden Betrags zu beachten.

§ 37. Jeder Arbeitgeber ist verpflichtet, von den bei ihm beschäftigten Arbeitnehmern für deren Rechnung bei jeder Lohnzahlung einen Betrag von 10 v. H. des Arbeitslohns unter Berücksichtigung der auf dem Steuerbuche von der Gemeindebehörde oder dem Finanzamt festgesetzten Jahresgesamtermäßigung einzubehalten. Für den Arbeigeber ist die auf dem Steuerbuch vermerkte Jahresgesamtermäßigung bindend. Er ist nicht berechtigt, von der bestimmten Jahresgesamtermäßigung abzuweichen (s. Anm. 21 zu § 46 und § 83b EStADB.).

§ 38. Der Arbeitnehmer hat dem Arbeitgeber auf Verlangen eine schriftliche Bescheinigung über den ihm zustehenden und den ihm ausgezahlten Lohnbetrag auszustellen. Ist die Entwertung von Steuermarken erfolgt, so ist der Betrag der verwendeten Marken in der Bescheinigung anzugeben.

B. Verwendung der einbehaltenen Steuerbeträge (§§ 39 bis 56).

a) Durch Steuermarken (§§ 39 bis 47).

§ 39. (1) Für den einbehaltenen Steuerbetrag hat der Arbeitgeber Steuermarken bei jeder Auszahlung des Arbeitslohns in die losen Einlagebogen des Steuerbuchs einzukleben und zu entwerten. Bei der ersten Benutzung des Steuerbuchs und bei Inanspruchnahme neuer Einlagebogen (Steuermarkenblätter) hat der Arbeitgeber nach Maßgabe des Vordrucks die Eintragungen am Kopfe des Einlagebogens vorzunehmen. Die Arbeitgeber können die Einträge durch Maschinenschrift oder Stempelaufdruck vornehmen. Tritt der Arbeitnehmer in ein Dienstverhältnis bei einem anderen Arbeitgeber, so ist ein neuer Einlagebogen zu verwenden. Bei unständig beschäftigten Arbeitnehmern kann die Ausfüllung der Eintragung am Kopfe des Einlagebogens hinsichtlich des Arbeitgebers unterbleiben, die Einlagebogen können fortlaufend verwendet werden. Der Name des Arbeitgebers ist in die Bemerkungsspalte zu setzen.

(2) Die Steuermarken sind nebeneinander in die dafür vorgesehenen Spalten der losen Einlagebogen des Steuerbuchs (Muster 2) Muster 2 derart einzukleben, daß für jede Lohnzahlung eine neue Querspalte und für jede erste Lohnzahlung eines neuen Kalendervierteljahrs ein neuer loser Einlagebogen begonnen wird. Auf jede Marke ist **mit Tinte** der Tag, Monat und das Jahr der Verwendung, und zwar der Tag und das Jahr in arabischen Zahlen, der Monat mit Buchstaben niederzuschreiben. Der Gebrauch von Datumstempeln mit chemischer Tinte ist gestattet. Allgemein übliche und verständliche Abkürzungen der Monatsbezeichnung mit Buchstaben sowie die Weglassung der beiden ersten Zahlen der Jahresbezeichnung (z. B. 15. Jan. 22) sind zulässig. Auch ist gestattet, dem Verwendungsvermerke die Firma oder den Namen des Verwendenden ganz oder teilweise zuzusetzen.

(3) Nach jedem Einkleben der Steuermarken hat der Arbeitgeber die Höhe des Bruttoverdienstes unter gesonderter Aufführung der im § 14 bezeichneten Einnahmen und der etwa gewährten Dienstaufwandsentschädigung sowie den Wert der verwendeten Steuermarken in die dafür vorgesehenen Spalten der losen Einlagebogen des Steuerbuchs einzutragen; ist eine Seite des Einlagebogens mit Steuermarken gefüllt, so hat der Arbeitgeber an den dafür vorgesehenen Stellen die Gesamtsumme des Bruttoverdienstes, die etwa gewährte Dienstaufwandsentschädigung und den Wert der auf der Seite eingeklebten Marken einzutragen und die Summe auf der nächsten Seite vorzutragen (s. Anm. zu § 51).

§ 40. (1) Der Arbeitgeber hat nach Ablauf des Kalendervierteljahrs, oder bei dem Ausscheiden des Arbeitnehmers aus dem Dienst- oder Arbeitsverhältnis die im vergangenen Kalendervierteljahre oder in der Zeit bis zur Beendigung des Dienst- oder Arbeitsverhältnisses zum Einkleben und Entwerten von Steuermarken verwendeten und von ihm verwahrten Einlagebogen dem Arbeitnehmer auszuhändigen.

(2) Weigert sich ein Arbeitnehmer bei einer Lohnzahlung dem Arbeitgeber das Steuerbuch vorzulegen, so hat der Arbeitgeber den Steuerabzug ohne Berücksichtigung der Ermäßigungen nach § 7 Abs. 1 bis 4 vorzunehmen und in Höhe des einbehaltenen Betrags Steuermarken in lose Einlagebogen einzukleben und zu entwerten und für den Arbeitnehmer aufzubewahren, bis dieser sein Steuerbuch vorlegt.

(3) Ist die Aushändigung der Einlagebogen an den Arbeitnehmer nicht möglich, so hat sie der Arbeitgeber nach Ablauf des Kalendervierteljahrs dem auf dem Umschlag des Steuerbuchs verzeichneten Finanzamt und falls ihm dieses nicht bekannt ist, dem für ihn (Arbeitgeber) zuständigen Finanzamt einzusenden (s. Anm. 6 zu § 51).

§ 41. (1) Das Finanzamt kann auf Antrag einzelnen Arbeitgebern gestatten, daß sie die Steuermarken für die von ihnen beschäftigten Arbeitnehmer statt bei jeder Lohnzahlung nach Ablauf des Monats bis zum 10. des folgenden Monats, jedoch spätestens beim Ausscheiden des Arbeitnehmers aus dem Dienst- oder Arbeitsverhältnis für den während des entsprechenden Zeitraums einbehaltenen Betrag entwerten und die Einlagebogen (Steuermarkenblätter) einkleben. Die Verpflichtung des Arbeitgebers zur Einbehaltung des Steuerbetrags bei jeder Lohnzahlung wird hierdurch nicht berührt.

(2) Das Finanzamt kann ferner zulassen, daß der Arbeitgeber die nach § 39 Abs. 3 vorgeschriebenen Eintragungen nach Ablauf des Monats, ausgeschieden nach Bruttoverdienst, den im § 14 bezeichneten Einnahmen, der etwa gewährten Dienstaufwandsentschädigung und dem einbehaltenen Steuerbetrag in je einer Summe vornimmt.

§ 42. (1) **Jeder Arbeitnehmer ist verpflichtet, innerhalb des Monats Januar eines jeden Kalenderjahrs die Einlagebogen seines Steuerbuchs, die im abgelaufenen Kalenderjahre zum Einkleben und Entwerten von Steuermarken verwendet worden sind, dem Finanzamt unter Angabe der Nummer des neuen Steuerbuches und der Behörde, die das neue Steuerbuch ausgestellt hat, gegen Quittung zu übersenden oder zu übergeben, in dessen Bezirk er zur Zeit der im abgelaufenen Kalenderjahr stattgefundenen Personenstandsaufnahme seinen Wohnsitz oder in Ermangelung eines solchen seinen gewöhnlichen Aufenthalt hatte.**

(2) Auf die Verpflichtung zur Einsendung oder Übergabe der Einlagebogen hat das Finanzamt durch öffentliche Bekanntmachung, der Arbeitgeber durch Anschlag in den Arbeits- und Geschäftsräumen hinzuweisen.

(3) An Stelle des Arbeitnehmers kann der Arbeitgeber die Einsendung oder Übergabe der Einlagebogen übernehmen; in diesem Falle sind die Einlagebogen gemeindeweise geordnet den für die Arbeitnehmer zuständigen Finanzämtern zu übersenden.

(4) Dem Arbeitnehmer bleibt es unbenommen, die Einlagebogen, die zum Einkleben und Entwerten von Steuermarken verwendet worden sind, schon während des Kalenderjahrs jederzeit einzusenden oder zu übergeben. **Die Ablieferung hat, falls sie von der in diesem Kalenderjahre stattfindenden Personenstandsaufnahme vorgenommen wird, bei dem Finanzamt, in dessen Bezirk der Arbeitnehmer zur Zeit der Ablieferung seinen Wohnsitz oder in Ermangelung eines solchen seinen gewöhnlichen Aufenthalt hat, und, falls sie nach dieser Personenstandsaufnahme vorgenommen wird, bei dem Finanzamt zu erfolgen, in dessen Bezirk er zur Zeit der Personenstandsaufnahme seinen Wohnsitz oder in Ermangelung eines solchen seinen gewöhnlichen Aufenthalt hatte.**

§ 43. (1) **Das Finanzamt trägt auf Grund der bei ihm eingehenden Einlagebogen mit entwerteten Einkommensteuermarken die durch Markenverwendung entrichteten Beträge in die Bemerkungsspalte oder in eine besonders anzulegende Spalte der Hauptsteuerliste (Lohnsteuerliste) des Kalenderjahrs, für das die Marken entwertet worden sind, unter Beifügung des Zusatzes: „St. V." (z. B. St. V. I. Vierteljahr . . . Mark) ein.**

(2) Die Blätter sind als Belege zur Hauptsteuerliste bzw. Lohnsteuerliste geordnet (in Umschlägen für jeden Steuerpflichtigen) auf-

zubewahren und nach Ablauf des auf die Eintragung folgenden Jahres zu vernichten.

§ 44. Sind Einlagebogen des Steuerbuchs verlorengegangen, unbrauchbar geworden oder zerstört worden, so hat das Finanzamt auf Antrag über die darin nachweisbar eingeklebten und entwerteten Steuermarken eine Bescheinigung auszustellen. Diese Bescheinigung tritt an Stelle der Einlagebogen.

§ 45 gestrichen.

§ 46. Die Steuermarken werden durch die Reichsdruckerei hergestellt und sind bei den Postanstalten zu kaufen. Sie werden nur an den Reichspostminister sowie an diejenigen Behörden, die der Reichsdruckerei von dem Reichspostminister als zum unmittelbaren Bezuge berechtigt bezeichnet werden, abgegeben. Privatpersonen erhalten von der Reichsdruckerei keine Steuermarken.

§ 47. (1) Unbeschädigte Steuermarken können gegen Steuermarken anderer Werte bei den Postanstalten umgetauscht werden. Verdorbene Steuermarken können bei den Postanstalten umgetauscht werden, wenn der Schaden mindestens eine Mark beträgt und wenn von den Marken noch kein oder kein solcher Gebrauch gemacht worden ist, demgegenüber durch die Erstattung das Steuerinteresse gefährdet erscheint. Irrtümlich oder zu Unrecht entwertete Steuermarken fallen nicht unter diese Bestimmung, sie werden von den Postanstalten nicht umgetauscht. Dasselbe gilt für entwertete oder nichtentwertete Steuermarken, die von Einlagebogen des Steuerbuchs abgelöst oder ausgeschnitten sind.

(2) In allen Fällen, in denen die Postverwaltung Steuermarken nicht umtauscht, sind zur Entscheidung die Finanzämter zuständig. Die verausgabten Beträge sind auf Grund der Zahlungsanweisung als Erstattung an Einkommensteuer zu behandeln.

b) Durch Einzahlung oder Überweisung (§§ 48 bis 56).

§ 48. Das Finanzamt kann zulassen, daß eine Verwendung von Steuermarken unterbleibt und daß die Einzahlung der einbehaltenen Steuerbeträge durch den Arbeitgeber in bar oder durch Überweisung auf das Postscheck- oder Bankkonto bei der Finanzkasse der Betriebsstätte oder bei der von dem Landesfinanzamt bestimmten Finanzkasse erfolgt.

§ 49. (1) Im Falle des § 48 ist der Arbeitgeber verpflichtet, für jeden Arbeitnehmer ein Überweisungsblatt nach Muster 3a zu führen. Muster 3a
Überweisungsblätter sind unentgeltlich von dem Finanzamt zu beziehen. Nach Maßgabe des Vordrucks auf der Vorderseite des Steuerbuchs hat der Arbeitgeber den Kopf des Überweisungsblatts auszufüllen und in die linke Seitenspalte die auf der Vorderseite des Steuerbuchs von der Gemeindebehörde, gegebenenfalls vom Finanzamt festgesetzte Jahresgesamtermäßigung zu übertragen.

(2) Bei jeder Lohn- oder Gehaltszahlung hat der Arbeitgeber unter Angabe des Zahltags die Höhe des Bruttoverdienstes unter gesonderter Aufführung der im § 14 bezeichneten Einnahmen, der etwa gewährten Dienstaufwandsentschädigung und den einbehaltenen Steuerbetrag in die dafür vorgesehenen Spalten des Überweisungsblatts einzutragen.

(3) Bei kürzeren als vierteljährlichen Lohnzahlungsperioden kann das Finanzamt auf Antrag zulassen, daß der Arbeitgeber die nach Abs. 2 vorgeschriebenen Eintragungen nicht schon bei jeder Lohnzahlung, sondern erst am Schlusse des Kalendervierteljahrs, und zwar spätestens bis zum Ablauf des auf den Schluß des Kalendervierteljahrs folgenden Monats vornimmt. Die Verpflichtung zur Einbehaltung des Steuerbetrags bei jeder Lohn- oder Gehaltszahlung wird hierdurch nicht berührt.

(4) Das Finanzamt kann ferner zulassen, daß der Arbeitgeber die nach Abs. 2 vorgeschriebenen Eintragungen nach Ablauf des Kalendervierteljahrs ausgeschieden nach Bruttoverdienst, den im § 14 bezeichneten Einnahmen, der etwa gewährten Dienstaufwandsentschädigung und dem einbehaltenen Steuerbetrag in je einer Summe vornimmt (Muster 3b).

Muster 3b

(5) Das Muster nach Abs. 4 wird den Arbeitgebern von den Finanzämtern in entsprechender Stückzahl unentgeltlich geliefert.

§ 50. (1) Die Einzahlung oder Überweisung (Abführung) der einbehaltenen Steuerbeträge an die im § 48 bezeichnete Finanzkasse hat in kürzester Frist nach jeder Lohnzahlung zu erfolgen, und zwar in einer Summe ohne Bezeichnung der einzelnen Arbeitnehmer. Der Beifügung eines Verzeichnisses und der Überweisungsblätter (§ 49) bedarf es hierbei nicht, jedoch ist anzugeben, daß die übersandten oder überwiesenen Beträge Steuerabzüge darstellen und auf welchen Zeitraum sie entfallen.

(2) **Auf Antrag kann das Finanzamt gestatten, daß die Einzahlung oder Überweisung der einbehaltenen Beträge statt nach jeder Lohnzahlung erst innerhalb der ersten 10 Tage nach Ablauf eines jeden Kalendermonats erfolgt. In diesem Falle hat der Arbeitgeber gleichzeitig mit der Ablieferung der Kasse des Finanzamts der Betriebsstätte eine Bescheinigung nach Muster 3c zu übersenden, in der er die Übereinstimmung der Gesamtsumme der an die Finanzkasse für den abgelaufenen Kalendermonat einbehaltenen Arbeitslohns versichert. Die Bescheinigung ist von dem Arbeitgeber oder einer Person, die zur Vertretung der Firma rechtlich befugt ist, zu unterschreiben.**

§ 50. (1) Die Finanzkassen haben die nach § 50 eingehenden Beträge endgültig in Spalte 5 des Einkommensteuereinnahmebuchs zu vereinnahmen und in einem nach Muster 4 anzulegenden Arbeitgeberkontobuch anzuschreiben.

Muster 4

(2) In dem Arbeitgeberkontobuch ist für jeden Arbeitgeber, dem die Abführung der einbehaltenen Steuerbeträge seiner Arbeitnehmer nach Maßgabe der §§ 48 bis 50 gestattet ist, ein besonderes Konto anzulegen. Die Konten sind beim Eingang der Zusammenstellung (**§§ 53 Abs. 3, 53a Abs. 1**) abzuschließen.

§ 52. (1) Stellt die Finanzkasse fest, daß von Arbeitgebern, denen ein Arbeitgeberkonto errichtet ist, die fälligen Zahlungen ausbleiben, und hat auch eine besondere Mahnung keinen Erfolg, so ist das Finanzamt zu benachrichtigen, das eine Nachprüfung des säumigen Betriebs nach § 60 außer der Reihe vorzunehmen hat und gegebenenfalls die Ablieferung der einbehaltenen Steuerbeträge gemäß §§ 298 ff. der Reichsabgabenordnung erzwingt.

(2) Bei wiederholtem unpünktlichen Eingang der Steuerbeträge hat die Finanzkasse gleichfalls dem Finanzamt Nachricht zu geben, das

über die Entziehung der dem Arbeitgeber nach den §§ 48 bis 50 eingeräumten Vergünstigung zu befinden hat.

§ 53. (1) Jeder Arbeitgeber, der die Abführung der einbehaltenen Steuerbeträge seiner Arbeitnehmer gemäß §§ 48 bis 50 bewirkt, ist verpflichtet, am Schlusse des Kalendervierteljahrs die Überweisungsblätter durch Aufrechnung der Spalten 3, 4 und 5 abzuschließen und neue Überweisungsblätter für das folgende Kalendervierteljahr anzulegen.

(2) Die Summe der einbehaltenen Steuerbeträge jedes Überweisungsblattes ist in eine von dem Arbeitgeber zu unterschreibende Nachweisung nach Muster 5 zu übertragen. Für jede Gemeinde des Arbeitnehmers ist eine besondere Nachweisung zu verwenden; umfaßt eine Gemeinde mehrere Finanzämter, so ist für jedes dieser Finanzämter ebenfalls eine besondere Nachweisung zu verwenden. Muster 5

(3) Die Summen der Nachweisungen gehen in eine Zusammenstellung nach Muster 6 über, die ebenfalls aufzurechnen ist. Die so gebildete Summe stellt den Gesamtbetrag der im Kalendervierteljahr einbehaltenen Steuerbeträge und zugleich das Ablieferungssoll des Arbeitgebers dar. Muster 6

(4) Die Zusammenstellung sowie die zugehörigen Nachweisungen und Überweisungsblätter müssen geordnet spätestens bis zum Ablauf des auf den Schluß des Kalendervierteljahrs folgenden Monats dem Finanzamt der Betriebsstätte eingeliefert werden.

(5) Das Finanzamt stellt die Zusammenstellung der Finanzkasse zu, welche die Übereinstimmung der Schlußsumme mit der Summe des Arbeitgeberkontos für das betreffende Kalendervierteljahr zu prüfen hat. Die Übereinstimmung ist auf der Zusammenstellung zu bescheinigen und diese sofort dem Finanzamt wieder zuzuleiten. Ergeben sich Unterschiede, die die Finanzkasse nicht alsbald zu beheben in der Lage ist, so ist auf der Zusammenstellung die Schlußsumme des Arbeitgeberkontos zu vermerken und weitere Anweisung des Finanzamts abzuwarten.

(6) Die Muster nach Abs. 2 und 3 werden den Arbeitgebern von den Finanzämtern in entsprechender Stückzahl unentgeltlich geliefert.

§ 53a. (1) **Auf Antrag kann das Finanzamt größeren, genügende Sicherheit bietenden Arbeitgebern unter Vorbehalt des Widerrufs gestatten, daß die nach § 49 Abs. 2 vorgeschriebenen Eintragungen in die Überweisungsblätter nach Ablauf eines jeden Kalenderjahrs, ausgeschieden nach Bruttoverdienst, den im § 14 bezeichneten Einnahmen, der etwa gewährten Dienstaufwandsentschädigung und dem einbehaltenen Steuerbetrag, in je einer Summe vorgenommen und die Überweisungsblätter, Nachweisungen und Zusammenstellungen dem Finanzamt der Betriebsstätte spätestens bis zum 25. Januar des auf das Kalenderjahr folgenden Kalenderjahrs eingeliefert werden. Das Finanzamt hat sich, bevor es einem solchen Antrag stattgibt, davon zu überzeugen, daß die Art der Lohn- und Steuerberechnung im Betrieb des Arbeitgebers übersichtlich und zuverlässig ist. Dem Antrag soll regelmäßig nur stattgegeben werden, wenn der Arbeitgeber mehr als 1000 Arbeitnehmer beschäftigt.**

(2) **Beantragt ein Steuerpflichtiger gemäß § 77 die Erstattung einbehaltener Steuerbeträge, so ist der Arbeitgeber im Falle des Abs. 1 verpflichtet, für das Kalendervierteljahr, auf das sich der Erstattungs-**

antrag bezieht, ein besonderes Überweisungsblatt auszustellen und dem auf dem Steuerbuch für das laufende Kalenderjahr vermerkten Finanzamt einzuliefern.

(3) Im übrigen finden die Vorschriften der §§ 48 bis 53 entsprechende Anwendung.

§ 54. (1) Das Finanzamt der Betriebsstätte prüft:

a) die Zusammenstellung nach der richtigen Übernahme der Schlußsumme aus den Nachweisungen und der richtigen Aufrechnung,

b) die Nachweisungen nach der richtigen Übernahme der Schlußsummen der Überweisungsblätter und der richtigen Aufrechnung.

(2) Bei der Prüfung zu b ist ein besonderes Augenmerk darauf zu richten, daß jedes übergebene Überweisungsblatt in einer Nachweisung enthalten ist, so daß kein Überweisungsblatt an das Finanzamt des Wohnsitzes des Arbeitnehmers gelangt, für das nicht auch der Steuerbetrag abgeliefert ist.

(3) Auf den Zusammenstellungen und den Nachweisungen ist ein kurzer Prüfungsvermerk niederzuschreiben; unter die letzte Eintragung in der Nachweisung ist ein Stempelabdruck zu setzen. Falls Unstimmigkeiten zwischen Arbeitgeberkonto und Zusammenstellung es erforderlich machen, ist die Prüfung auch weiter auszudehnen, z. B. auf die richtige Aufrechnung der Überweisungsblätter. In diesem Falle sind auch die Überweisungsblätter mit Prüfungsvermerk zu versehen.

(4) Das Finanzamt der Betriebsstätte übersendet die Nachweisungen fremder Gemeinden mit den zugehörigen Überweisungsblättern an die für die Arbeitnehmer zuständigen Finanzämter. Die Zusammenstellung verbleibt beim Finanzamt der Betriebsstätte.

§ 55. Der Arbeitgeber hat dem Arbeitnehmer nach Ablauf eines Kalendervierteljahrs, spätestens jedoch beim Ausscheiden aus dem Arbeits- oder Dienstverhältnis, auf Verlangen eine Bescheinigung über den bis zu diesem Zeitpunkt einbehaltenen und abgeführten Steuerbetrag auszuhändigen. Als solche Bescheinigung genügt auf der Lohntüte bei der ersten Lohnauszahlung des neuen Kalendervierteljahrs die Angabe des Arbeitgebers über den einbehaltenen und abgeführten Steuerbetrag im verflossenen Kalendervierteljahr, ein Durchschlag des Überweisungsblatts oder ein ähnlicher Nachweis, z. B. das Lohnbuch des Bergarbeiters.

§ 56. (1) Das Finanzamt des Arbeitnehmers trägt auf Grund der bei ihm eingehenden und von ihm nachzuprüfenden Überweisungsblätter (§ 54) die durch Barabführung oder Überweisung entrichteten Beträge in die Bemerkungsspalte oder in eine besonders anzulegende Spalte der Hauptsteuerliste (Lohnsteuerliste) des Kalenderjahrs, für das die Beträge entrichtet sind, unter Beifügung des Zusatzes: „St. V." (z. B. St. V. I. Vierteljahr . . . Mark) ein.

(2) § 43 Abs. 2 gilt entsprechend.

VI. Nachprüfung des Steuerabzugs (§§ 57 bis 65).

§ 57. (1) In die Hauptsteuerliste sind ebenso wie alle anderen Steuerpflichtigen auch diejenigen Steuerpflichtigen aufzunehmen, die dem Steuerabzug vom Arbeitslohne unterworfen sind. Soweit jedoch

bei ihnen die Voraussetzungen für eine Veranlagung nach Ansicht des Finanzamts nicht gegeben sind, beschränkt sich das Finanzamt auf die Ausfüllung der die Person und den Familienstand betreffenden Spalten und die Eintragung der in den §§ 22, 26, 27, 33, 34, 35, 43, 56 vorgesehenen Vermerke. Hält das Finanzamt die Voraussetzungen für eine Veranlagung des Steuerpflichtigen nach § 48 EStG. für gegeben, so bereitet es die Hauptsteuerliste in der nach den Ausführungsbestimmungen vorgeschriebenen Weise vor.

(2) Dem Finanzamt bleibt es überlassen, für diejenigen Steuerpflichtigen, die dem Steuerabzuge vom Arbeitslohn unterliegen, eine gesonderte Hauptsteuerliste für Lohn- und Gehaltsempfänger aufzustellen (Lohnsteuerliste).

§ 58. (1) Das Finanzamt überwacht die ordnungsmäßige Durchführung des Steuerabzugs. Die Überwachung hat zu umfassen:

1. eine Kontrolle sämtlicher in die Hauptsteuer- oder in die besondere Lohnsteuerliste (§ 57 Abs. 2) des Finanzamts eingetragenen Steuerpflichtigen,
2. eine Kontrolle sämtlicher im Bezirke des Finanzamts eine Betriebsstätte unterhaltenden Arbeitgeber.

(2) Die in Ausübung der Kontrolle zu Nr. 1 gemachten Wahrnehmungen über Unregelmäßigkeiten sind für die Kontrolle zu Nr. 2 nutzbar zu machen und umgekehrt. Sind für die Kontrolle eines Steuerpflichtigen und für die Kontrolle seiner Arbeitsstätte verschiedene Finanzämter zuständig, so sind die gemachten Wahrnehmungen unter den Finanzämtern unmittelbar auszutauschen.

§ 59. (1) Die Kontrolle des § 58 Abs. 1 Nr. 1 (Innenkontrolle) ist bei Eintragung der aus den eingehenden Steuermarken- und Überweisungsblättern ersichtlichen Beträge in die Hauptsteuer- oder besondere Lohnsteuerliste vorzunehmen. Sie hat sich zu erstrecken:

1. auf die Angemessenheit des angegebenen Gesamtverdienstes unter Zuhilfenahme der beim Finanzamt zu sammelnden Unterlagen über die ortsüblichen Durchschnittslohnsätze der einzelnen Berufsarten,
2. auf die Zulässigkeit der Ermäßigungen,
3. auf die richtige Berechnung des Steuerabzugs aus dem angegebenen Einkommen und der Steuerermäßigung,
4. auf die richtige Aufrechnung des Steuermarken- oder Überweisungsblatts,
5. auf die Echtheit der abgelieferten Steuermarken.

(2) Stellen sich bei der Prüfung Unstimmigkeiten heraus, so hat das Finanzamt das nach Lage des Falles Erforderliche zu veranlassen.

(3) Die Prüfung ist auf angemessene Stichproben zu beschränken.

§ 60. (1) Ergibt sich, daß für einen Steuerpflichtigen weder Markenblätter abgeliefert noch Überweisungsblätter eingegangen sind, so hat das Finanzamt gegebenenfalls unter Androhung von Strafen für Aufklärung, nachträgliche Ablieferung der zurückgehaltenen Markenblätter oder Nachholung des unterlassenen Steuerabzugs zu sorgen. **Das Finanzamt hat insbesondere durch Einforderung von Quittungen nach § 42 und Bescheinigungen nach §§ 38, 55 festzustellen, ob für den**

Steuerpflichtigen entwerteten Steuermarken oder für ihn ausgestellte Überweisungsblätter an ein für die Nachprüfung des Steuerabzugs und für seine Veranlagung nicht zuständiges Finanzamt gelangt sind.

(²) In gleicher Weise ist zu verfahren, wenn die abgelieferten Beträge nur für einen Teil des für die Steuerfestsetzung maßgebenden Kalenderjahrs einbehalten und glaubhafte Gründe für die Unterlassung des Steuerabzugs während der übrigen Zeit des Jahres nicht angegeben sind (Krankheit, Arbeitslosigkeit).

(³) **Ergibt sich auf Grund der nach Abs. 1 angestellten Ermittlungen, daß Steuermarken- oder Überweisungsblätter an ein nicht zuständiges Finanzamt abgeliefert sind (§§ 42, 54 Abs. 4), so hat dieses Finanzamt dem zuständigen Fianzamt einen Auszug aus der die Vermerke über die Ablieferung der Steuermarken- oder Überweisungsblätter enthaltenden Hauptsteuerliste (Lohnsteuerliste) unter Beifügung etwa vorhandener Akten zu übersenden, die Übersendung in der Hauptsteuerliste zu vermerken und die den Steuerpflichtigen betreffenden Eintragungen mit farbiger Tinte zu durchstreichen. Das zuständige Finanzamt übernimmt die aus dem Auszug ersichtlichen Eintragungen in seine Hauptsteuerliste (Lohnsteuerliste).**

§ 61. (¹) Die Kontrolle des § 58 Abs. 1 Nr. 2 (Außenkontrolle) hat sich auf die gesamte Handhabung des Steuerabzugsverfahrens in den Betriebsstätten (Haushaltungen mit Lohnangestellten) zu erstrecken.

(²) Das Hauptaugenmerk ist darauf zu richten, daß sämtliche Arbeitnehmer, auch die nicht ständig beschäftigten, und alle zum steuerbaren Arbeitseinkommen gehörigen Vergütungen, gleichgültig in welcher Form sie gewährt werden, dem Steuerabzug unterworfen sind und daß bei der Berechnung des Steuerabzugs von der richtigen Lohnhöhe ausgegangen ist.

§ 62. (¹) **Die Arbeitgeber sind verpflichtet, den mit Durchführung dieser Kontrolle beauftragten Beamten und Angestellten des Finanzamts, sofern sie einen entsprechenden mit ihrem Lichtbild und dem Dienststempel versehenen Ausweis des für die Betriebsstätte zuständigen Finanzamts vorlegen, das Betreten der Geschäftsräume in den üblichen Geschäftsstunden zu gestatten und ihnen die erforderlichen Hilfsmittel (Geräte, Beleuchtung) und einen angemessenen Raum oder Arbeitsplatz zur Erledigung ihrer Obliegenheiten zur Verfügung zu stellen.**

(²) Die Arbeitgeber haben den Beauftragten des Finanzamts Einsicht in die von ihnen aufbewahrten Steuerbücher der Arbeitnehmer und in die Lohnbücher der Betriebe sowie in die sonst vorhandenen Aufzeichnungen, Geschäftsbücher und Unterlagen, soweit sie nach dem Ermessen des Prüfenden für die Feststellung der den Arbeitnehmern gezahlten Vergütungen aller Art und die bereits abgeführten Steuerbeträge erforderlich sind, zu gewähren.

(³) Die Arbeitgeber haben ferner jede zum Verständnis der Buchaufzeichnungen vom Prüfenden verlangte Erläuterung zu geben.

§ 63. Die Arbeitnehmer der Betriebe haben dem mit der Prüfung Beauftragten jede gewünschte Auskunft über Art und Höhe ihrer Bezüge zu geben und auf Verlangen die in ihrem Besitze befindlichen Steuerbücher sowie die Belege über bereits geleistete Steuerzahlungen vorzulegen.

§ 64. (1) Die Außenkontrolle ist planmäßig zu gestalten, so daß in einem vom Landesfinanzamt festzusetzenden Zeitabschnitt jede Betriebsstätte mindestens einmal einer Nachprüfung unterzogen wird.

(2) Über die Durchführung und das Ergebnis der Prüfungen ist beim Finanzamt eine Liste zu führen, deren Anlegung und Ausgestaltung von den Landesfinanzämtern anzuordnen ist.

§ 65. (1) Die Träger der Reichsversicherung nach der Reichsversicherungsordnung und die Träger der Versicherung nach dem Versicherungsgesetz für Angestellte haben den Finanzbehörden jede zur Durchführung der §§ 45 bis 52 EStG. und der den Finanzämtern obliegenden Prüfung und Aufsicht dienliche Hilfe zu leisten. Insoweit finden die Vorschriften des § 142 der Reichsversicherungsordnung und des § 350 des Versicherungsgesetzes für Angestellte keine Anwendung (s. Anm. 4 zu § 52c).

(2) Über die Zusammenarbeit der Finanzämter mit ihnen ergehen noch die näheren Bestimmungen.

VII. Abgabe der Steuererklärung (§§ 66 bis 69).

§ 66. (1) Steuerpflichtige, deren gesamtes steuerbares Einkommen in einem Kalenderjahre den Betrag von **1000000** Mark nicht übersteigt, sind von der Verpflichtung zur Abgabe einer Steuererklärung für das entsprechende Kalenderjahr befreit, wenn dieses Einkommen nur aus dem Steuerabzug unterliegenden Arbeitslohn oder aus solchem Arbeitslohn und sonstigem Einkommen bis zu **10000** Mark besteht. Auf diese Einschränkung der Verpflichtung zur Abgabe einer Steuererklärung ist in der öffentlichen Aufforderung des Finanzamts hinzuweisen.

(2) Die im Abs. 1 bezeichneten Steuerpflichtigen sind zur Abgabe einer Steuererklärung verpflichtet, wenn sie hierzu vom Finanzamt besonders aufgefordert werden (s. Anm. zu § 48).

§ 67. (1) Die nach § 66 Abs. 1 zur Abgabe einer Steuererklärung nicht verpflichteten Steuerpflichtigen können ihre Veranlagung zur Einkommensteuer beantragen, wenn bei Zugrundelegung der Vorschrift des § 13 Abs. 1 Nr. 1 bis 7 EStG. die nach dieser Vorschrift zulässigen Abzüge den Betrag von **130000** Mark übersteigen und nicht schon nach § 46 Abs. 2 Nr. 3 EStG. beim Steuerabzuge berücksichtigt worden sind.

(2) Das Recht, Veranlagung zu beantragen, steht den im Abs. 1 bezeichneten Steuerpflichtigen auch dann zu, wenn

1. die Voraussetzungen des § 26 Abs. 2 EStG. vorliegen,
2. die Voraussetzungen des § 44 EStG. auf Anrechnung der Kapitalertragsteuer vorliegen.

(3) Das Recht, Veranlagung zu beantragen, ist auch dann gegeben, wenn einem Steuerpflichtigen im Laufe eines Kalenderjahrs die nach §§ 26 Abs. 1, 47 EStG. zulässigen Ermäßigungen bei den einbehaltenen Beträgen nicht voll berücksichtigt sind (s. Anm. zu §§ 48, 49, insbes. Anm. 3a zu § 49).

§ 68. Wird im Falle des § 67 von dem Rechte, Veranlagung zu beantragen, Gebrauch gemacht, so ist dieser Antrag mit einer Einkommensteuererklärung zu verbinden. Antrag und Einkommensteuererklärung sind innerhalb des für die Abgabe der Steuererklärungen festgesetzten Zeitraums dem Finanzamt einzureichen (s. Anm. zu §§ 48, 49).

§ 69. Die Steuererklärung ist im Falle der §§ 66 bis 68 auf das gesamte Einkommen zu erstrecken. Bedarf es einer Veranlagung nur für das sonstige Einkommen (§ 48 Abs. 2 EStG.), so ist zwecks Prüfung, ob das gesamte steuerbare Einkommen nicht den Betrag von **1000000** Mark übersteigt, die Höhe des bezogenen Arbeitslohns mit anzugeben (s. Anm. zu §§ 48, 49).

VIII. Veranlagung der Arbeitnehmer (§§ 70 bis 81).

§ 70. (1) Auf Grund der eingegangenen Marken- oder Überweisungsblätter stellt das Finanzamt nach Ablauf eines jeden Kalenderjahrs in der Hauptsteuerliste oder der besonders aufgestellten Lohnsteuerliste die Gesamthöhe des Arbeitslohns und der einbehaltenen Steuerbeträge der einzelnen Arbeitnehmer in dem vergangenen Kalenderjahre fest.

(2) Soweit nicht schon auf Grund des § 66 Abs. 1 eine Verpflichtung für den Arbeitnehmer zur Abgabe einer Steuererklärung besteht, ist er nach § 66 Abs. 2 vom Finanzamt zur Abgabe einer solchen insbesondere aufzufordern,

1. wenn der Steuerabzug nicht ordnungsmäßig vorgenommen worden ist,
2. wenn irrtümlicherweise eine Erhöhung der Beträge nach § 46 Abs. 2 Nr. 3 EStG. zugelassen worden ist,
3. wenn die eingegangenen Belege über den Steuerabzug es wahrscheinlich machen, daß der Steuerabzug nicht vorschriftsmäßig bewirkt worden ist und insbesondere Grund zu der Annahme vorliegt, daß die Dienstaufwandsentschädigungen in den Steuermarken- und Überweisungsblättern nicht der Wirklichkeit entsprechend in Ansatz gebracht worden sind,
4. wenn trotz der angestellten Nachforschungen die vorgeschriebenen Belege über den Steuerabzug nicht zu erlangen gewesen sind,
5. wenn die Nachforschungen ergeben haben, daß im Laufe des Kalenderjahrs der Bezug von Arbeitslohn weggefallen ist.

(3) Für das bei diesen besonderen Aufforderungen zu beachtende Verfahren gilt §§ 33 Abs. 1 und 2 EStAB. (s. Anm. 6 zu § 48).

§ 71. Das Finanzamt trägt dafür Sorge, daß alle Arbeitnehmer, die entweder zur Abgabe einer Steuererklärung verpflichtet oder hierzu besonders aufgefordert (§ 66 Abs. 2 und § 70 Abs. 2) worden sind, eine Einkommensteuererklärung einreichen. Kommt ein Steuerpflichtiger dieser Verpflichtung innerhalb der gesetzten Frist nicht nach, so ist nach § 32 Abs. 5 EStAB. zu verfahren.

§ 72. Soweit nach § 48 Abs. 1 EStG. die Steuer als getilgt gilt, findet eine Veranlagung in der Regel nicht statt. Das Finanzamt ist zu einer Veranlagung jedoch berechtigt, wenn die Voraussetzungen zur Einforderung einer Steuererklärung nach § 70 Abs. 2 Ziffer 1 bis 4 gegeben sind (s. Anm. zu § 48).

§ 73. (1) Findet eine Veranlagung des gesamten steuerbaren Einkommens statt (§ 48 Abs. 3 EStG.), so sind im Steuerbescheide von der für ein Kalenderjahr festgestellten Steuerschuld die im Laufe des entsprechenden Kalenderjahrs auf den Arbeitslohn einbehaltenen und vorschriftsmäßig verwendeten und abgeführten Beträge abzusetzen. Der nach diesem Abzug errechnete Steuerbetrag ist als zu zahlende Steuer anzugeben und in der Hauptsteuerliste und im Sollbuch als festgesetzte Jahressteuer einzutragen.

(2) Bei der Veranlagung des sonstigen Einkommens sind die Belege über den Steuerabzug im vergangenen Kalenderjahre daraufhin zu prüfen, ob bei ihm die dem Arbeitnehmer zustehenden Abzüge nach §§ 26 Abs. 1, 47 EStG. bereits in vollem Umfang berücksichtigt worden sind. Ist dies nicht der Fall, so sind die Abzüge insoweit bei der Veranlagung des sonstigen Einkommens zu berücksichtigen.

(3) Nach dem Betrage, um den die Steuerschuld für ein Kalenderjahr den im gleichen Kalenderjahr auf den Arbeitslohn einbehaltenen und vorschriftsmäßig verwendeten und abgeführten Betrag übersteigt, berechnen sich die gemäß § 42 Abs. 1 EStG. auf die Steuerschuld für das folgende Kalenderjahr zu leistenden Vorauszahlungen (s. Anm. zu §§ 48, 49).

§ 74. Findet eine Veranlagung auf Antrag des Steuerpflichtigen statt (§ 67), so wird stets das gesamte steuerbare Einkommen veranlagt. Die Vorschrift des § 73 findet Anwendung (s. Anm. zu §§ 48, 49).

§ 75. (1) Soweit eine Veranlagung erfolgt ist, hat der Steuerpflichtige Vorauszahlungen bis zum Empfange des nächsten Steuerbescheides gemäß § 42 Abs. 1 EStG. nur in Höhe des auf die Steuerschuld zu entrichtenden Betrags zu leisten.

(2) Ein Arbeitnehmer, bei dem im Laufe des Kalenderjahrs für den Rest des Kalenderjahrs der Bezug von Arbeitslohn infolge Änderung der Erwerbsverhältnisse wegfällt, hat dies dem Finanzamt anzuzeigen und gleichzeitig die in seinem Besitze befindlichen Einlagebogen mit entwerteten Steuermarken einzureichen. Das Finanzamt hat hierauf die Steuerschuld für das Kalenderjahr nach dem mutmaßlichen Jahresbetrage des für dieses Kalenderjahr steuerbaren Einkommens festzusetzen. Auf die hiernach festgesetzte Steuerschuld ist nur der Betrag zu entrichten, um den diese Steuerschuld den auf den Arbeitslohn einbehaltenen und vorschriftsmäßig verwendeten oder abgeführten Betrag übersteigt. § 73 findet entsprechende Anwendung.

(3) Im Falle des Abs. 2 werden die einbehaltenen und vorschriftsmäßig verwendeten und abgeführten Beträge, soweit sie auf Vorauszahlungen verrechnet sind, auf die Steuerschuld nicht mehr verrechnet (s. Anm. zu §§ 48, 49).

§ 76. Ergibt die gesetzlich vorgeschriebene oder die auf Antrag des Steuerpflichtigen eingetretene Veranlagung des gesamten steuerbaren Einkommens (§ 48 Abs. 3 und § 49 Abs. 3 EStG.), daß die auf den Arbeitslohn einbehaltenen und vorschriftsmäßig verwendeten Beträge über die Steuerschuld hinausgehen oder daß Einkommensteuer nicht zu entrichten ist, so sind die Beträge insoweit nach Veranlagung bar zu erstatten. Der Steuerbescheid hat die näheren diesbezüglichen Berechnungen sowie eine Mitteilung darüber zu enthalten, wann und wo die Beträge ausgezahlt werden. Für möglichste Beschleunigung der Erstattung ist Sorge zu tragen (s. Anm. zu §§ 48, 49).

§ 77. (1) Auch wenn eine Veranlagung gesetzlich nicht vorgeschrieben ist oder eine solche nicht beantragt ist, hat bei einem steuerbaren Einkommen unter **1000000** Mark eine Erstattung einbehaltener Steuerbeträge stattzufinden,

1. wenn infolge teilweiser Erwerbslosigkeit die nach § 46 Abs. 2 EStG. zulässigen Ermäßigungen beim Steuerabzug nicht voll in Anrechnung gebracht worden sind;
2. wenn die Voraussetzungen für die Anwendung des § 26 Abs. 2 EStG. gegeben sind.

(2) Die bare Erstattung der in den Fällen des Abs. 1 Nr. 1 und 2 zuviel einbehaltenen Beträge findet nur auf Antrag des Steuerpflichtigen statt, der beim Finanzamt schriftlich oder zu Protokoll unter Vorlage der entsprechenden Unterlagen zu stellen ist. Das Finanzamt entscheidet, ob die Voraussetzungen des Abs. 1 gegeben sind. Abgesehen von dem Sonderfalle des Abs. 1 findet eine Berücksichtigung des § 26 Abs. 2 EStG. beim Steuerabzugsverfahren nicht statt.

(3) Die Anträge können erst nach Ablauf eines Kalendervierteljahrs, spätestens bis zum 15. des auf den Ablauf des Kalendervierteljahrs folgenden Monats, gestellt werden (s. Anm. 7 zu § 49).

§ 78. (1) Soweit die Veranlagung zur Einkommensteuer die Grundlage für Besteuerungsrechte von Körperschaften des öffentlichen Rechtes, insbesondere für die Kirchensteuer darstellt, gelten bei unterbliebener Veranlagung die vom Arbeitslohn einbehaltenen und vorschriftsmäßig verwendeten und abgeführten Beträge als veranlagt. In diesem Falle gilt die Summe der gemäß § 57 in **der Bemerkungsspalte** der Hauptsteuerliste oder der besonders anzulegenden Spalte der Hauptsteuerliste oder in der entsprechenden Spalte der Lohnsteuerliste eingetragenen Steuerbeträge als veranlagte Jahressteuer. Findet sowohl Steuerabzug als auch Veranlagung statt, so bildet die Summe der eingetragenen Steuerbeträge und außerdem der **auf Grund der Veranlagung** in der Hauptsteuerliste eingetragenen Steuer die Grundlage für die Besteuerungsrechte der genannten Körperschaften.

(2) Die gleichen Grundsätze gelten bei Feststellung von Einkommensteuerbeträgen zur Verteilung an Reich, Länder und Gemeinden (s. Anm. zu § 52b).

§ 79. (1) Der Arbeitgeber haftet dem Reiche für die Einbehaltung und Entrichtung der in den §§ 46, 47 EStG. bestimmten Beträge neben dem Arbeitnehmer als Gesamtschuldner.

(2) Die Haftung des Arbeitnehmers beschränkt sich auf die Fälle, in denen

1. der Arbeitnehmer den Arbeitslohn nicht vorschriftsmäßig gekürzt erhalten hat,
2. der Arbeitgeber die einbehaltenen Beträge nicht vorschriftsmäßig verwendet hat und dem Arbeitnehmer dies bekannt ist; in diesem Falle erlischt die Haftung, wenn der Arbeitnehmer dem Finanzamt von dieser Kenntnis unverzüglich Mitteilung macht (s. Anm. zu § 52).

§ 80. Ob und inwieweit im Einzelfalle die Vorschriften des Gesetzes über die Einkommensteuer vom Arbeitslohn anzuwenden sind, entscheidet auf Anruf eines der Beteiligten das Finanzamt. Gegen die Entscheidung des Finanzamts ist nur die Beschwerde an das Landesfinanzamt zulässig. Die Beschwerdeentscheidung ist für das nachfolgende Veranlagungsverfahren nicht bindend (s. Anm. zu § 52 a).

§ 81. (1) Jedermann ist verpflichtet, dem Finanzamt auf Verlangen innerhalb einer von diesem zu bestimmenden Frist genaue Angaben darüber zu machen, welche Personen er im Laufe des für die Veranlagung maßgebenden Kalenderjahrs gegen Lohn, Gehalt oder sonstiges Entgelt beschäftigt hat und welches Einkommen er diesen Personen gewährt hat.

(2) Lohnlisten in dem durch §§ 34 bis 38 EStAB. gebotenen Umfang sind nur auf Verlangen des für den Arbeitgeber zuständigen Finanzamts einzureichen.

IX. Übergangs- und Schlußbestimmungen (§§ 82 bis 84).

§ 82 **gestrichen.**

§ 83 **gestrichen.**

§ 83 a. In die Steuerbücher für 1923 haben die Gemeindebehörden zur Vermeidung von Irrtümern die alten Jahresgesamtermäßigungen von 480 Mark für den Steuerpflichtigen selbst, 480 Mark für die Ehefrau, 960 Mark für die minderjährigen Kinder und 1080 Mark zur Abgeltung der nach § 13 Abs. 1 Nr. 1 bis 7 EStG. zulässigen Abzüge einzusetzen.

§ 83 b. Zur Ausführung des § 7 hat der Arbeitgeber bei jeder nach dem 31. Dezember 9122 erfolgenden Zahlung von nach dem 31. Dezember 1922 fällig gewordenen Arbeitslohn an Stelle der von der für die Ausstellung des Steuerbuchs zuständigen Behörde oder dem Finanzamt auf dem Steuerbuch vermerkten Jahresgesamtermäßigung bei Berechnung des gemäß § 37 einzubehaltenden Betrags bei monatlicher Lohn- oder Gehaltszahlung eine monatliche Ermäßigung zu berücksichtigen, die beträgt:

a) **für den Steuerpflichtigen und für seine zu seiner Haushaltung zählende Ehefrau je 200 Mark monatlich,**

b) **für den Steuerpflichtigen zur Abgeltung der nach § 13 Abs. 1 Nr. 1 bis 7 EStG. zulässigen Abzüge 1000 Mark monatlich, es sei denn, daß das Finanzamt gemäß § 34 eine höhere Jahresermäßigung als 12000 Mark zugelassen hat,**

c) **für jedes zur Haushaltung des Steuerpflichtigen zählende minderjährige Kind, soweit es kein eigenes Arbeitseinkommen bezieht, oder für jedes nicht über 17 Jahre alte Kind, soweit es eigenes Arbeitseinkommen bezieht, oder für jeden vom Finanzamt zur Berücksichtigung zugelassenen mittellosen Angehörigen 1000 Mark monatlich.**

Bei kürzeren als monatlichen Lohnzahlungsperioden hat der Arbeitgeber den für die einzelnen Lohnzahlungsperioden gemäß § 7 in Betracht kommenden Teilbetrag der Ermäßigung zu berücksichtigen.

Insoweit findet für das Kalenderjahr 1923 die Vorschrift des § 37, nach der für den Arbeitgeber die auf dem Steuerbuch vermerkte Jahresgesamtermäßigung bindend und er nicht berechtigt ist, von dieser Jahresgesamtermäßigung abzuweichen, keine Anwendung.

§ 84. (1) Die vor Inkrafttreten dieser Bestimmungen erteilten Genehmigungen zur Barabführung oder Überweisung der einbehaltenen Steuerbeträge behalten mit den durch diese Bestimmungen angeordneten Änderungen auch weiterhin ihre Gültigkeit.

(2) **Das gleiche gilt für die Zulassung zu dem vereinfachten Steuerabzugsverfahren bei Behörden nach Maßgabe der Bekanntmachung vom 2. Januar 1922 (Zentralblatt für das Deutsche Reich S. 19).**

Artikel II.

Die Bestimmungen des Artikels I Nr. 1 bis 37*) treten mit Wirkung vom 1. Januar 1923 ab mit der Maßgabe in Kraft, daß für die Veranlagung zur Einkommensteuer für das Kalenderjahr 1922

a) im § 66 die Zahlen „1 000 000" und „10 000" durch die Zahlen „400 000" und „5000",

b) im § 67 Abs. 1 die Zahl „130 000" durch die Zahl „12 000" und

c) im § 69 die Zahl „1 000 000" durch die Zahl „400 000" ersetzt werden.

*) Im Text berücksichtigt, durch Fettdruck kenntlich gemacht.

Die Sätze, um die sich der vom Arbeitslohn (Bar- und Natural- oder Sachbezüge) einzubehaltende Betrag von 10 v. H. des Arbeitslohns ermäßigt, betragen vom 1. Januar 1923 ab bei jeder nach dem 31. Dezember 1922 erfolgenden Zahlung von nach dem 31. Dezember 1922 fällig gewordenem Arbeitslohn

1. für den Arbeitnehmer selbst monatlich 200 ℳ (bisher 40 ℳ),
2. für die zur Haushaltung des Arbeitnehmers zählende Ehefrau monatlich 200 ℳ (bisher 40 ℳ),
3. für jedes zur Haushaltung des Arbeitnehmers zählende minderjährige Kind ohne eigenes Arbeitseinkommen bzw. nicht über 17 Jahre alte Kind mit eigenem Arbeitseinkommen oder für jeden vom Finanzamt zur Berücksichtigung zugelassenen mittellosen Angehörigen monatlich 1000 ℳ (bisher 80 ℳ),
4. zur Abgeltung der nach § 13 zulässigen Abzüge (Werbungskostenpauschsatz monatlich 1000 ℳ (bisher 90 ℳ).

Diese Ermäßigungen in Höhe von 200 und 1000 ℳ monatlich — die entsprechenden Umrechnungssätze bei kürzeren Lohnzahlungsperioden siehe Rückseite — sind bei jeder nach dem 31. Dezember 1922 erfolgenden Zahlung von nach diesem Zeitpunkt fällig gewordenem Arbeitslohn zu berücksichtigen.

Der nach Vornahme der Ermäßigungen einzubehaltende Betrag ist in allen Fällen auf volle Mark nach unten abzurunden.

Der Arbeitgeber bleibt nach wie vor an die auf dem Steuerbuche für die Berücksichtigung vermerkte Zahl von Familienangehörigen gebunden, er kann z. B. nicht, wenn auf dem Steuerbuch die Ermäßigung für ein minderjähriges Kind vorgetragen ist, für ein inzwischen hinzugekommenes weiteres Kind, für das eine Ermäßigung auf dem Steuerbuch noch nicht vorgetragen ist, eine weitere Ermäßigung berücksichtigen.

Beispiele:

1. Unverheirateter Arbeitnehmer mit 60000 ℳ Monatsarbeitslohn. Ab 1. Januar 1923 sind von dem für den Monat Januar 1923 und für die folgenden Monate gezahlten Arbeitslohn monatlich einzubehalten: 6000 ℳ (d. i. 10 v. H. von 60000 ℳ) — (200 + 1000 =) 1200 ℳ = 4800 ℳ.
2. Verheirateter Arbeitnehmer ohne Kinder, dem vom Finanzamt eine Erhöhung des Werbungskostenpauschsatzes von 1080 ℳ auf 6000 ℳ jährlich zugelassen worden ist, mit einem Monatsarbeitslohn von 70000 ℳ. Ab 1. Januar 1923 monatlich einzubehalten: 7000 ℳ — (200 + 200 + 1000 =) 1400 ℳ = 5600 ℳ.
3. Verheirateter Arbeitnehmer mit zwei minderjährigen Kindern. Wochenlohn 15005 ℳ. Ab 1. Januar 1923 wöchentlich einzubehalten: 1500,50 ℳ — (48 + 48 + 240 + 240 + 240 =) 816 ℳ = 684,50 ℳ, abgerundet auf 684 ℳ.
4. Verheirateter Arbeitnehmer mit drei minderjährigen Kindern und zwei vom Finanzamt zur Berücksichtigung zugelassenen mittellosen Angehörigen. Tageslohn 2000 ℳ. Ab 1. Januar 1923 kein Steuerabzug mehr, da die Ermäßigungen von (8 + 8 + 5 × 40 + 40 =) 256 ℳ den an sich einzubehaltenden Betrag von 10 v. H. des Arbeitslohns (= 200 ℳ) übersteigen.

---

*) Das Merkblatt samt der Tabelle ist ein Teil des Erl. RFM. vom 16. Dezember 1922 III E 20818, betreffend Einkommensteuer vom Arbeitslohn, hier Änderung der §§ 46 Abs. 2 und 6, 50 Abs. 2 EStG.

Gültig ab 1. Januar 1923.

Die bei monatlicher, wöchentlicher, täglicher oder zweistündlicher Lohn- oder Gehaltszahlung zu berücksichtigende Ermäßigung des vom Arbeitslohn (Geld und Natural- oder Sachbezüge) einzubehaltenden Betrages von 10 vom Hundert beträgt:

Familienstand	monatlich	wöchentlich	täglich	zweistündlich
Unverheirateter oder verwitweter Arbeitnehmer ohne Kinder	1 200	288	48	12
Verheirateter Arbeitnehmer ohne Kinder .	1 400	336	56	14
Unverheirateter oder verwitweter Arbeitnehmer mit 1 mittellosen Angehörigen oder 1 minderjährigen Kind	2 200	528	88	22
Verheirateter Arbeitnehmer mit 1 minderjährigen Kind oder mittellosen Angehörigen	2 400	576	96	24
Ledig oder verwitwet mit 2 minderjährigen Kindern oder mittellosen Angehörigen .	3 200	768	128	32
Verheiratet mit 2 minderjährigen Kindern oder mittellosen Angehörigen	3 400	816	136	34
Ledig oder verwitwet mit 3 minderjährigen Kindern oder mittellosen Angehörigen .	4 200	1 008	168	42
Verheiratet mit 3 minderjährigen Kindern oder mittellosen Angehörigen	4 400	1 056	176	44
Ledig oder verwitwet mit 4 minderjährigen Kindern oder mittellosen Angehörigen .	5 200	1 248	208	52
Verheiratet mit 4 minderjährigen Kindern oder mittellosen Angehörigen	5 400	1 296	216	54
Ledig oder verwitwet mit 5 minderjährigen Kindern oder mittellosen Angehörigen .	6 200	1 488	248	62
Verheiratet mit 5 minderjährigen Kindern oder mittellosen Angehörigen	6 400	1 536	256	64
Ledig oder verwitwet mit 6 minderjährigen Kindern oder mittellosen Angehörigen .	7 200	1 728	288	72
Verheiratet mit 6 minderjährigen Kindern oder mittellosen Angehörigen	7 400	1 776	296	74
Ledig oder verwitwet mit 7 minderjährigen Kindern oder mittellosen Angehörigen .	8 200	1 968	328	82
Verheiratet mit 7 minderjährigen Kindern oder mittellosen Angehörigen	8 400	2 016	336	84
Ledig oder verwitwet mit 8 minderjährigen Kindern oder mittellosen Angehörigen .	9 200	2 208	368	92
Verheiratet mit 8 minderjährigen Kindern oder mittellosen Angehörigen	9 400	2 256	376	94
Ledig oder verwitwet mit 9 minderjährigen Kindern oder mittellosen Angehörigen .	10 200	2 448	408	102
Verheiratet mit 9 minderjährigen Kindern oder mittellosen Angehörigen	10 400	2 496	416	104
Ledig oder verwitwet mit 10 minderjährigen Kindern oder mittellosen Angehörigen .	11 200	2 688	448	112
Verheiratet mit 10 minderjährigen Kindern oder mittellosen Angehörigen	11 400	2 736	456	114

FSC
www.fsc.org
MIX
Papier | Fördert gute Waldnutzung
FSC® C083411

Kolibri 360 GmbH
Ferdinand-Jühlke-Straße 7
99095 Erfurt, Deutschland
produktsicherheit@kolibri360.de